国家民委人文社科重点研究基地西北民族非物质文化遗产保护研究中心系列成果

国家民委“一带一路”国别和区域研究中心

——中亚与中国西北边疆研究中心系列成果

应用社会学

来自生活一线的研究报告

马忠才　等◎著

科学出版社
北京

内容简介

应用社会学是将理论社会学揭示的原理、原则、观点和方法论运用于具体的社会现象的研究，以获得对社会现象发生、发展的具体规律性的认识，并提出相应的解决办法。基于社会转型背景，本书运用社会变迁理论，对少数民族流动人口、乡村社区整合、城市留守儿童亲子关系及中学校园欺凌问题进行调查与分析，展现其现状，预测其未来，为推进社会治理现代化建言献策。

本书适合社会学、民族学、人类学、民俗学等学科及相关专业的本科生、研究生阅读，同时也对相关领域工作人员以及对此书内容感兴趣的其他读者有参考价值。

图书在版编目（CIP）数据

应用社会学：来自生活一线的研究报告/马忠才等著. —北京：科学出版社，2020.6

ISBN 978-7-03-063800-7

I. ①应… II. ①马… III. ①社会学－研究报告－中国 IV. ①C91

中国版本图书馆CIP数据核字（2019）第280564号

责任编辑：孙文影 李秉乾/责任校对：王晓茜

责任印制：徐晓晨 /封面设计：润一文化

科学出版社 出版

北京东黄城根北街16号

邮政编码：100717

http://www.sciencep.com

北京建宏印刷有限公司 印刷

科学出版社发行 各地新华书店经销

*

2020年6月第 一 版 开本：720×1000 B5

2021年6月第三次印刷 印张：10 3/4

字数：257 000

定价：88.00元

（如有印装质量问题，我社负责调换）

目　　录

1 少数民族流动人口的居留与落户意愿及其影响因素研究　马忠才　郝苏民

19 村落仪式与社区整合——以云南彝族社区阿朵村为个案　杨文学

65 城市留守儿童亲子关系问题的个案工作介入研究——以天水市 W 社区为例　孙　颖

123 中学校园欺凌问题及其成因研究——以 X 中学为例　潘　虹

少数民族流动人口的居留与落户意愿及其影响因素研究①

马忠才　郝苏民

3　一、引言
5　二、理论分析与研究框架
7　三、数据、变量与统计描述：居留与落户意愿及其分布
9　四、模型与结果
13　五、发现与解释
15　六、讨论

① 论文最初发表于《西北民族研究》2019年第4期。

一、引言

“70 年来特别是改革开放以来，各民族在社会生活中紧密联系的广度和深度前所未有，我国大散居、小聚居、交错杂居的民族人口分布格局不断深化，呈现出大流动、大融居的新特点。”①也就是说，人口大流动促进了各民族人口比例的合理分布，创造了族际接触的机会和空间。在这一形势下，如何帮扶少数民族流动人口在城市中居留、落户和融入，进而加强民族交往、交流、交融，成为一个重大课题。习近平总书记在全国民族团结进步表彰大会上强调：“我们要顺应这种形势，出台有利于构建互嵌式社会结构的政策举措和体制机制，完善少数民族流动人口服务管理体系，促进各民族共建美好家园、共创美好未来。”②这一重要讲话为人口大流动背景下的民族团结工作和构建互嵌式社会结构指明了方向，对城市民族工作创新提出了殷切期望。

从实践方面看，只有少数民族流动人口愿意在城市居留或落户，才能为民族深度交往、交流、交融创造机会和空间，才能为构建互嵌式社会结构奠定坚实基础。因而，研究少数民族流动人口的居留与落户意愿及其影响因素具有重要的理论和现实意义。第一，截至 2018 年，少数民族流动人口的数量已达 3000 多万人③，而且这只是一个序曲，随着社会的发展和教育事业的进

---

① 习近平. 在全国民族团结进步表彰大会上的讲话[EB/OL]. [2019-09-27]. http://www.xinhuanet.com//politics/leaders/2019-09/27/c_1125049000.htm.

② 习近平. 在全国民族团结进步表彰大会上的讲话[EB/OL]. [2019-09-27]http://www.xinhuanet.com//politics/leaders/2019-09/27/c_1125049000.htm.

③ 丁宏，良警宇. 城市民族学的学科定位与学科建设[J]. 西北民族研究，2019（4）：25-29.

步，将来会有更多的少数民族人口离开聚居地而流向都市，这一庞大群体的心态和境遇直接关系到民族团结的未来走向。第二，通过分析少数民族流动人口的居留与落户意愿，可以帮助我们判断他们对美好生活的向往和现实诉求，以及族际交往的愿望和心态。第三，分析居留与落户的影响因素，可以探究城市场域里的族际关系、社会整合的现状与走势，以及城市公共服务、治理能力水平等重要问题，探索何以创新机制，改进城市民族工作，顺应形势，推进民族交往、交流、交融，构建互嵌式社会结构，以利于民族和睦与社会发展。

目前，专门研究少数民族流动人口居留与落户意愿的文献非常少。其中，有关居留意愿的研究仅有三篇，尚没有落户意愿的相关研究。[①]在有关居留意愿的研究论文中，有两篇具有高度相似性，属同一作者，其经过实地调研，讨论了一个省会城市少数民族流动人口的空间分布、居住社区环境和居留意愿。[②]这一探索是有益的，但有很多不足之处。从论文的统计表格看，定类或定序变量在纳入回归模型时没有进行虚拟化处理，对抽样方法也没有详细说明，样本量比较小，纳入的自变量非常有限，限制了对影响因素的分类探索。第三篇论文主要探究就业状况、制度因素对少数民族流动人口居留意愿的影响机制，发现其居留意愿较高但存在区域异质性，良好的就业状况及制度保障能有效增强其居留意愿。[③]这一研究受调查区域限制，并且只有有限的自变量，难以反映居留意愿影响机制的全貌和异质性。可以看出，上述三篇文献具有一定的开拓性意义，但受调查数据、统计技术或学理性的限制，仅对某一地区的少数民族流动人口居留意愿极其有限的影响因素进行了分析，导致现有研究还无法系统地回答人们关心的一些重要问题：中国少数民族流动人口居留与落户意愿的总体状况及异质性如何？与汉族相比，少数民族的居留与落户意愿及其影响机制的差异有哪些？居留、落户意愿与民族交融、互嵌

① 根据中国知网的统计，有关汉族或不分民族的流动人口居留与落户意愿研究至2019年已有81篇文献，可供本文参考。

② 古丽妮尕尔・居来提，董晔. 乌鲁木齐市少数民族流动人口居留意愿与影响因素的实证分析[J]. 中国人口・资源与环境，2015，25（10）：118-124.

③ 赵锋，樊正德. 就业促进、制度保障与少数民族流动人口居留意愿——基于西北5省区的实证分析[J]. 兰州财经大学学报，2018，34（6）：65-74，98.

式社会结构之间的社会机制是什么？

本文基于“2017年全国流动人口卫生计生动态监测数据”，针对中国少数民族流动人口的居留与落户意愿进行经验分析，并将之与汉族进行比较，提供关于现状与机制的信息和资料，特别关注经济融合、社会心理认同与公共服务对少数民族流动人口居留与落户意愿的影响作用，探究有序流动、积极交融的创新治理机制。

二、理论分析与研究框架

以往研究认为，影响流动人口居留与落户意愿的主要因素分为三类：个体的社会特征、社会融合程度及公共服务的供给与获得。[①]

个体的社会特征，如年龄、性别、学历、职业、外出时间、户籍身份等影响流动人口的居留与落户意愿。有研究发现，倾向在城镇长期居留的流动人口具有年轻、受教育水平高、未婚、女性等人口学特征，因为年轻的流动人口更能应对城镇工作与生活中的挑战，受教育水平高的流动人口拥有更多在城镇生活的知识和技能，未婚流动人口较少需要顾及留守于家乡的家庭成员，而女性流动人口更愿意在城镇定居则可能与其更多地在服务业就业，工作比在制造业就业的男性更为稳定，以及她们回乡后承包土地时处于不利地位有关。[②]也有研究发现，个体的社会特征对居留意愿影响不大，有人将该因素归结为人力资本，认为年龄、性别对居留意愿没有显著影响，受教育水平对居留意愿影响也不大。[③]与这些影响因素的不确定性相反的是，户籍身份对人口迁移的影响比较稳定，非农户籍人口的迁移意愿比较强烈。[④]参考上述研究结果，本文假设这些变量也会影响少数民族流动人口的居留与落户意愿，将这些变量纳入模型

① 张华初，曹玥，汪孟恭. 社会融合对广州市流动人口长期居留意愿的影响[J]. 西北人口，2015，36（1）：7-11；卢小君，王丽丽，赵东霞. 流动人口的社会融合对其居留意愿的影响分析——以大连市为例[J]. 大连理工大学学报（社会科学版），2012，33（4）：32-37.

② 朱宇，林李月. 流动人口在城镇的居留意愿及其决定因素——文献综述及其启示[J]. 人口与经济，2019，（2）：17-27.

③ 孟兆敏，吴瑞君. 城市流动人口居留意愿研究——基于上海、苏州等地的调查分析[J]. 人口与发展，2011，17（3）：11-18.

④ 蔡禾，王进. “农民工”永久迁移意愿研究[J]. 社会学研究，2007，（6）：86-113.

作为控制变量来分析重要变量的净效应。

社会融合程度和居留与落户意愿高度相关，良好的社会融合有助于流动人口长期居留或落户于城市。社会融合是双向的，一方面是指移民自身适应新的环境，获得权利和社会地位，建构与本地人之间的社会关系，形成对流入地的归属感和认同感的过程；另一方面也是主流社会对移民包容和接纳的长期过程。[①]社会融合一般包含经济整合、文化接纳、行为适应和身份认同四个维度。[②]大多数研究发现，相对于低收入水平的人来说，较高收入水平的人的居留与落户意愿更强，职业地位高的人表现出更强的居留与落户意愿；与当地人经常交往的流动人口更愿意在城市长期居住，积极参与社区活动对流动人口的长期居留与落户意愿产生正向作用；心理融入水平从主观意愿和客观体验两方面影响着流动人口的居留与落户意愿。[③]事实上，少数民族在流动、居留与落户等方面需要冲破更多的障碍，因为“他们不仅像其他进城农民一样，来自农村和贫困地区，而且是一个在语言、宗教、风俗等方面特殊的人群……他们的流动所要突破的不仅是体制的障碍，而且还有文化、心理和语言的障碍”[④]。鉴于此，本文将在计量社会融合程度的基础上，探究其对少数民族流动人口城市居留与落户意愿的影响机制。

公共服务的供给和获得有助于提高流动人口城市居留与落户的积极性和主动性。[⑤]流动人口会基于偏好对不同公共服务和税收组合的地区做出是否迁移的选择，即著名的“用脚投票”机制[⑥]。有研究以流动个体的成本收益分析为切入点，发现流入地的公共服务是吸引流动人口流入的一个重要原因。由于一些城市具有较高的公共服务支出，提高了流动人口流入的概率。[⑦]少数民族

---

① 韩正，孔艳丽. 社会融合视角下流动人口居留意愿研究——基于 2014 年中国劳动力动态调查数据[J]. 北京城市学院学报，2017，（1）：7-12.

② 杨菊华. 中国流动人口的社会融入研究[J]. 中国社会科学，2015，（2）：61-79，203-204.

③ 张华初，曹玥，汪孟恭. 社会融合对广州市流动人口长期居留意愿的影响[J]. 西北人口，2015，36（1）：7-11.

④ 杨圣敏，王汉生. 北京“新疆村”的变迁—北京“新疆村”调查之一[J]. 西北民族研究，2008，（2）：1-9.

⑤ 刘乃全，宇畅，赵海涛. 流动人口城市公共服务获取与居留意愿——基于长三角地区的实证分析[J]. 经济与管理评论，2017，33（6）：112-121.

⑥ Oates W E. The effects of property taxes and local public spending on property values: An empirical study of tax capitalization and the Tiebout hypothesis. *Journal of Political Economy*, 1969, 77（6）: 957-971.

⑦ 童玉芬，王莹莹. 中国流动人口的选择：为何北上广如此受青睐？——基于个体成本收益分析[J]. 人口研究，2015，39（4）：49-56.

在都市和市场中存在一些弱势特征，往往更加依赖公共服务的支持。①本文将重点考量公共服务的现状及其对少数民族流动人口居留与落户意愿的影响机制。

三、数据、变量与统计描述：居留与落户意愿及其分布

（一）数据

本文应用的数据来自“2017 年全国流动人口卫生计生动态监测数据”，该数据由国家卫生健康委员会按照三阶段概率与规模成比例 PPS（probability proportionate to size sampling）的抽样方法在全国 31 个省（自治区、直辖市）和新疆生产建设兵团流动人口较为集中的流入地抽取样本点进行调查获得，调查对象均为在本地居住一个月及以上，非本区（县、市）户口的流动人口。本文在去除无效个案的基础上选择了 169 910 位被调查对象，其中汉族有 153 916 人，占 90.6%，少数民族有 15 994 人，占 9.4%。

（二）变量

1. 因变量

这里以“今后一段时间，您是否打算继续留在本地？”和“如果您符合本地落户条件，您是否愿意把户口迁入本地？”两个问题的回答计量流动人口在流入地的居留与落户意愿，回答“愿意”在模型中设为 1，回答“没想好”或“不愿意”则分别设为 0。

表 1 统计了流动人口的城市居留与落户意愿。结果显示，汉族和少数民族在城市居留的意愿都比较强烈，分别为 82.7%和 82.3%，差别微乎其微。汉族流动人口愿意在城市落户的比例为 38.7%，少数民族为 42.3%，后者的比例高于前者。值得注意的是，流动人口的落户意愿明显低于居留意愿，大约是居留意愿的一半，汉族和少数民族在这一特点上几乎没有差别。

---

① 祖力亚提·司马义，陈稔源，陈艳平. 新疆喀什地区农村少数民族富余劳动力就业调查研究——以叶城县为例[J]. 西北民族研究，2018，（3）：14-25.

表 1　流动人口城市居留与落户意愿

项目	汉族				少数民族			
	居留意愿		落户意愿		居留意愿		落户意愿	
	人数/人	占比/%	人数/人	占比/%	人数/人	占比/%	人数/人	占比/%
愿意	127 276	82.7	59 521	38.7	13 159	82.3	6 760	42.3
没想好或不愿意	26 640	17.3	94 395	61.3	2 835	17.7	9 234	57.7
合计	153 916	100.0	153 916	100.0	15 994	100	15 994	100.0

2. 自变量

根据研究目的和相关理论，本文以流动人口的个体社会特征、社会融合程度、公共服务供给与获得作为解释变量。①将个体社会特征设为控制变量。模型选取流动人口性别、年龄、婚姻状况、学历和户口性质 5 个指标反映流动人口的社会特征。流动特征也是一个控制变量，主要包括本次流动范围和流动时间。②社会融合程度是解释变量的核心，包括两个方面，第一个是经济融合，重点考察流动人口在流入地的就业、收入等经济状况对居留与落户意愿的影响；第二个是社会心理认同，这里边也包含了文化适应的内容。参考以往研究成果①，以调查中“我喜欢我现在居住的城市或地方”“我关注我现在居住城市或地方的变化”“我很愿意融入本地人当中，成为其中一员”“我觉得本地人愿意接受我成为其中一员”“我感觉本地人看不起外地人”“按照老家的风俗习惯办事对我比较重要”“我的卫生习惯与本地市民存在较大差别”“我觉得我已经是本地人了”8 个问题的认同程度分值之和衡量流动人口的本地社会心理认同度，认同程度的分值分别：“完全不同意”计 1 分、“不同意”计 2 分、“基本同意”计 3 分、“完全同意”计 4 分，其中第五至第七题为反向赋分。③公共服务供给与获得。包括流入地是否为流动人口建立健康档案以及是否为流动人口办理社会保障卡两个变量。公租房供给比例太低，没有纳入模型。

由表 2 可知，汉族和少数民族流动人口的性别比相对均衡。少数民族流动

① 刘涛，陈思创，曹广忠. 流动人口的居留和落户意愿及其影响因素[J]. 中国人口科学，2019，（3）：80-91.

人口平均年龄略小。流动人口在婚比例较高，超过了 74.7%。流动人口以农业户籍为主，77.4%的汉族流动人口为农业户籍，83.1%的少数民族流动人口为农业户籍。学历方面，少数民族流动人口与汉族流动人口的差距比较大，少数民族流动人口学历为小学及以下的为 30.9%，而汉族流动人口的这一比例仅为 15.6%，少数民族流动人口比汉族流动人口高出 15.3 个百分点；在初中及以上各学历层次中，少数民族流动人口的百分比都低于汉族流动人口。流入地的分化也是明显的，64.9%的少数民族流向西部城市地区，而汉族仅为 31.6%。在社会融合程度中，在家庭收入方面，少数民族流动人口家庭平均月收入为 6039.8 元，汉族流动人口为 7258.0 元，约是少数民族流动人口的 1.2 倍；在社会心理认同方面，汉族流动人口和少数民族流动人口几乎没有差异。公共服务供给与获得方面，少数民族和汉族流动群体中均仅有 27%左右的人建立了健康档案，办理社会保障卡的少数民族流动人口比例为 40.3%，汉族流动人口比例为 50.8%，少数民族比汉族低 10.5 个百分点。

表 2　流动人口描述性统计特征

变量		汉族	少数民族
性别（男性）占比/%		51.9	49.8
平均年龄/岁		36.1	34.7
受教育程度/%	小学及以下/%	15.6	30.9
	初中/%	44.2	38.5
	高中/中专/%	22.4	16.7
	大专及以上/%	17.8	13.9
在婚/%		81.8	75.4
农业户口/%		77.4	83.1

变量		汉族	少数民族
流入地（西部城市地区）占比/%		31.6	64.9
社会融合程度	社会心理认同/分	24.9	24.8
	文化适应/%	80.7	74.7
	家庭月收入/元	7 258.0	6 039.8
公共服务供给与获得	建立健康档案/%	27.3	27.4
	办理社会保障卡/%	50.8	40.3
	样本人数/人	153 916	15 994

四、模型与结果

（一）统计模型

本文采用二元 Logit 回归模型，具体公式为：

$$\text{logit}(P) = Y_{ik} = \ln\left(\frac{P_{ik}}{1-P_{ik}}\right) = \beta_{0k} + \sum_j \beta_j X_{ij} \tag{1}$$

式中 P 为流动人口打算在现住地居留或落户的概率，$P/(1-P)$ 为流动人口打算在现住地居留或落户与不打算居留或落户的概率之比，即比值的比。X 是自变量，β 是相应的回归系数或截距。

（二）少数民族流动人口居留意愿的影响因素

表 3 的二元 Logit 回归模型对流动人口居留意愿的影响因素进行了分析。模型 1 只加入个体的社会特征和流动特征，模型 2 和模型 3 在模型 1 的基础上依次加入经济融合、公共服务供给与获得、社会心理认同三组变量，共建立 3 个回归模型。从对数似然值看，模型 1 至模型 3 的解释力逐渐增强，说明这三组变量对居留意愿的影响比较大。

表 3　居留与落户意愿的 Logit 回归结果

变量		居留			落户		
		模型 1	模型 2	模型 3	模型 4	模型 5	模型 6
性别（以女性为参照）		−0.032	−0.024	−0.007	0.049	0.082*	0.099**
年龄（以 15—19 岁为参照）	20—39 岁	0.342***	0.345**	0.349***	0.272***	0.385**	0.320**
	40 岁及以上	0.307***	0.316**	0.271**	0.265**	0.215**	0.261*
在婚（以未婚等为参照）		0.385***	0.340***	0.245***	−0.014	−0.028	−0.137**
学历（以小学及以下为参照）	初中	0.226***	0.207***	0.117**	−0.130**	−0.130**	−0.219**
	高中或中专	0.583***	0.540***	0.369***	−0.020	−0.031	−0.195**
	大专及以上	0.807***	0.721***	0.410***	0.270***	0.235***	−0.054
农业户口（以城镇等为参照）		−0.171*	−0.127*	−0.005*	−0.157**	−0.134*	−0.035
老家有承包地					−0.356***	−0.351***	−0.409***
老家有宅基地					−0.480***	−0.464***	−0.412***
流动范围（以市内为参照）	跨省	−0.133*	−0.198***	−0.032***	−0.045	−0.065	0.071
	省内跨市	0.121*	0.104**	0.082***	0.250***	0.242***	0.244***
本次流动时间		0.051***	0.051***	0.038***	0.032***	0.032***	0.023***

续表

变量		居留			落户		
		模型 1	模型 2	模型 3	模型 4	模型 5	模型 6
职业身份（以未就业为参照）	雇主		−0.021	0.017		−0.228*	−0.233*
	雇员		−0.081	0.004		−0.180***	−0.136**
	自营者		−0.081***	−0.090		−0.266***	−0.253
家庭月收入			0.033***	0.034***		0.010***	0.009*
公共服务供给与获得	建立健康档案			0.235***			0.145***
	社会保障			0.078*			0.198***
社会心理认同				0.161***			0.137***
常数项		0.441***	0.354***	−3.558***	−0.943***	−1.055***	−3.789***
似然比		14 463	14 426	13 797	196 211	195 193	19 952

*p <0.05，**p <0.01，***p <0.001

注：表中报告的是非标准化回归系数

在个体的社会特征中，性别对少数民族流动人口的居留意愿没有影响，年龄对居留意愿有较大的影响，20—39 岁的青年流动者的居留意愿最强，其次是 40 岁及以上的流动者，15—19 岁的流动者居留意愿相对较弱。初入城市的年轻人，经历少、经验不足、技能不强，大多数还在调适期，居留的压力比较大。在婚，即结婚未离异的流动人口，居留意愿显著强于未婚者或离异者，这与少数民族流动的家庭化趋势有关，已婚者以家庭化流动的方式在城市居留，少有牵挂且更为稳定。学历对少数民族流动人口的居留意愿有明显的正向作用，学历越高，流动人口的居留意愿越强。学历高的少数民族流动人口在劳动力市场中更有实力去寻求稳定的工作和收入，具备在城市居留的优势。农业户口的少数民族流动人口居留意愿略弱于其他户口的流动者，因为相较于他们，非农人口拥有更多资源和保障助其居留于城市。流动时间能增强少数民族流动人口的居留意愿，因为时间越长，技能和适应能力越强，积累的人际关系越丰富，越容易在城市居留生活。省内跨市流动能增强居留意愿，少数民族流动人口基于迁移成本和发展机会的综合考量，一般偏向选择不远不近的地方落脚。

经济融合对少数民族流动人口的居留意愿有显著的正向作用。随着家庭月收入的提高，少数民族流动人口的居留意愿增强。“预期收入理论”从个体理性选择的视角进行分析，强调迁移的动力是预期的长期收入而非即期的绝对收入，收入较高的流动者具有更强的居留意愿，他们有能力支付居留城市的成本，在流入地拥有较强的分散风险的能力。职业身份对居留意愿的影响不显著。

社会心理认同能够显著增强少数民族流动人口在城市居留的意愿，公共服务获得较高的流动人口居留意愿也更强。

（三）少数民族流动人口落户意愿的影响因素

以落户意愿为因变量，按照式（1）进行回归分析，得到模型 4 至模型 6 的统计结果（表 3）。从对数似然比看，模型 4 至模型 6 的解释力逐渐增强。

人口的社会特征对少数民族流动人口的落户意愿均有不同程度的影响。就年龄来看，20—39 岁组的落户意愿最高，其次是 40 岁及以上年龄组。学历对落户意愿的影响比较复杂，大专及以上学历的流动人口落户意愿最强，其次为小学及以下学历者，初中学历落户意愿最弱。在模型 6 中，大专及以上学历人口的落户意愿变得不显著，说明这些高学历人才在社会保障、社会心理认同等方面具有较大的优势。农业户籍人口的落户意愿明显弱于非农户籍人口。省内跨市流动者落户意愿比较强烈，流动时间越长，落户意愿越强烈。

在经济方面，老家有承包地、宅基地对落户意愿的制约作用十分显著，因为放弃老家的土地和宅院需要付出较高的物质成本和心理成本。收入对落户意愿有显著的正向作用，收入越高，落户意愿越强。

社会心理认同、公共服务供给与获得均对少数民族流动人口的落户意愿有显著的正向作用，特别是社会保障和健康保险的作用更强。从模型的参数看，社会心理认同、公共服务对落户意愿的影响远远大于对居留意愿的影响。

（四）居留与落户意愿影响因素的族际比较

对比汉族和少数民族的回归分析结果，没有发现影响因素上的本质区别，仅个别地方有差异。[①]例如，40 岁及以上的汉族流动者居留意愿比较弱，这与少数民族流动人口有明显的不同。另外，职业身份对汉族流动人口的居留意愿

① 初稿中有汉族流动人口居留与落户意愿影响因素的回归结果，但在终稿中考虑节省版面而删除，但这一比较还是需要的。

影响更为显著，汉族雇主和雇员的居留意愿强于无业及自营职业者。

汉族与少数民族在落户影响机制上的差别主要表现在三个方面：第一，汉族流动人口的学历越高，落户意愿越强烈，而少数民族流动人口中初中学历者落户意愿最弱，小学及以下学历者居于中间；第二，老家有承包地、宅基地对少数民族流动人口在城市落户的牵制作用远远大于对汉族流动人口的牵制作用；第三，公共服务供给与获得对少数民族流动人口在城市落户的影响十分重要，而对汉族的影响略小。

五、发现与解释

在对数据进行统计分析的基础上，本文有一些新的有趣的发现，值得进行深入分析。

第一，少数民族流动人口的居留意愿比较强烈，落户意愿的比例超过了汉族流动人口。这一点与以往研究的结果不一样。①一方面，少数民族流动人口对美好生活的向往及外出争取更大发展空间的愿望更为迫切；另一方面，城市的现代感及多彩文化对少数民族流动人口有着强烈的吸引力。

第二，少数民族流动人口居留与落户两类决策的比例迥然不同。居留意味着随时或在将来返回家乡，城市只是一个“过站”或“他乡”，不打算介入太深，是一种初步的融入；而落户就要扎根城市，与新的社会文化融合，是一种深度交融。对家乡的难舍难离、与都市融合的阵痛共同作用，导致落户意愿弱于居留意愿。因而可以说，少数民族流动人口在城市中的融合与互嵌正在逐步深化。尽管居留与落户两类决策的比例迥然不同，但它们具有一些共同的影响因素。首先，就业、收入等经济融合程度可提升少数民族流动人口的居留与落户意愿。城市是资源密集的地方，强烈吸引着少数民族人口追求更大的发展空间和美好生活；同时，就业稳定、收入高可以支付城市生活的成本。其次，社会心理认同程度对居留与落户意愿有明显的增强作用。少数民族流动人口从乡村、牧区走向城市，从传统“穿越”到现代，从同质民族文化语境进入多元主

① 古丽妮尕尔·居来提，董晔. 乌鲁木齐市少数民族流动人口居留意愿与影响因素的实证分析[J]. 中国人口·资源与环境，2015，25（10）：118-124；束锡红，聂君. 人口流动视阈下银川市回汉民族关系研究[J]. 西北民族研究，2017，（1）：173-179.

流文化语境，既有地域流动，又有时间、文化和阶层的多层穿越，自然在社会、文化适应能力方面具有天然的弱势和不足，因而，其居留与落户意愿直接受到社会心理认同状况的影响。最后，公共服务供给与获得同样对少数民族流动人口居留与落户意愿有正向作用，就业服务、医疗保险、社会保障、子女教育等，都是少数民族流动人口在城市过上美好生活的重要保障。

第三，居留意愿与经济融合的关系更紧密，落户意愿与公共服务供给与获得、社会心理认同密切相关。80.3%的少数民族流动人口外出是为了务工或经商，愿意居留城市的主要原因是争取“更大的发展空间”和“更高的收入”。落户是一种户籍迁移，意味着永久性迁移，因而，少数民族流动人口在落户决策上更加谨慎。是否认同都市的社会文化环境、是否被市民接纳、文化适应的状况如何都对居留与落户意愿有影响。由于少数民族流动人口在都市落户面临更多的困境，所以来自政府的公共支持就显得尤为重要。但部分部门重管理、轻服务，特别是在民族因素嵌入全社会的今天，需要众多部门合作，沟通协作难度大，往往造成服务支持不到位的问题。[①]显然，当前公共服务的滞后已经成了制约少数民族流动人口居留与落户的重要因素之一。

第四，少数民族流动人口正在从初步融入走向深度交融。经济融合是一个初步的融入过程，主要包括职业身份、收入、财产和消费等具体内容的融入。推动少数民族人口居留、落户城市的主要因素，就是更大的发展空间和更高的收入。统计发现，82.3%的少数民族流动人口在城市里稳定就业；家庭平均月收入为6039.8元；在住房方面，自购或自建住房达到了29.1%。总体上看，少数民族流动人口的经济融合已经获得了突破性进展，可以支撑他们在城市落脚。但是，少数民族流动人口从业行业比较集中，大多数人的职业身份为雇员和自营劳动者，雇主仅占4.6%；从行业分布看，主要集中在制造业、住宿餐饮业、批发零售业、社会服务业和建筑业五大行业。这一特点决定了这一群体的职业地位、社会声望、收入水平、社会关系。总之，他们在族际交往交流上迈出了坚实的一步，但要实现深度交融尚需时日。与经济融合相比，社会心理认同是更深层次的社会心理层面的融合。本次调查没有涉及语言能力，是一个缺憾。

---

① 郝亚明，赵俊琪. 民族事务部际合作的制度设计与实践效果——基于国家民委联合发文的视角[J]. 西北民族研究，2018，（4）：91-102.

不过有一个题目可在一定程度上测量文化融合，即“按照老家的风俗习惯办事对我比较重要”，其中有 15.2%和 42.2%的少数民族流动人口分别选择了“完全同意”或“基本同意”。还有一个题目“我的卫生习惯与本地市民存在较大差别”，仅有 4.4%和 20.9%的少数民族流动人口分别选择了“完全同意”或“基本同意”。可见，大多数少数民族流动人口在这一过程中选择了主动适应，但也在一些风俗习惯方面保持了自己的传统，这是一套互嵌共生的智慧。[①]心理融合，即身份认同。在题目“我觉得我已经是本地人了”中，48.8%和 29.5%的少数民族流动人口分别选择了“完全同意”或“基本同意”。在题目“我喜欢我现在居住的城市/地方”中，51.7%和 45.3%的少数民族流动人口分别选择了“完全同意”或“基本同意”。在题目“我觉得本地人愿意接受我成为其中一员”中，54.5%和 37.9%的少数民族流动人口分别选择了“完全同意”或“基本同意”。少数民族与汉族在社会心理认同方面（满分 32 分）与汉族没有明显差异，分别为 24.8 分和 24.9 分，这一水平不算太低，但有待提升。综上可知，社会心理认同的要义是本地人对待外地少数民族流动人口的态度和行为，以及少数民族流动人口对城市社会、文化和人际关系的感知和评价，两项内容都与城市里的民族关系氛围密切相关。总之，少数民族流动人口的城市融合已经处于一个比较理想的状态，但要走向全面的深度互嵌还有很多工作要做。

第五，少数民族流动人口的居留与落户意愿有着明显的地域差别。少数民族流动人口主要流向西部，而且流动到西部的少数民族人口落户意愿最高，达到 45.8%，流动到东部的少数民族人口落户意愿为 35.8%，相差 10%。相反，流动到东部的汉族人口落户意愿最高，达到 47.9%，流动到西部的汉族人口落户意愿仅有 31.7%，相差 16.2%。这也反映了两个群体在自身因素、社会心理认同上的差别。

六、讨论

少数民族流动人口已成为中国城镇人口的重要组成部分，而且即将成为民族地区城镇化快速推进的重要主体。大流动改变了以往的民族人口分布格局，

① 严庆. 嵌合型：广义民族工作视域下的民族工作模式思考[J]. 西北民族研究，2018，（3）：26-32.

促使其逐步向“大散居、小聚居、交错杂居”转变，呈现出大融居的新特点。

（一）少数民族流动人口居留、落户城市为民族交往、交流、交融创造了机会和空间

历史证明，中华民族共同体的形成是各民族长期交往、交流、交融的结果。2014 年，中央民族工作会议提出，要加强各民族交往、交流、交融，要推动建立相互嵌入式的社会结构和社区环境，从居住生活、工作学习、文化娱乐等日常环节入手，创造各族群众共居、共学、共事、共乐的社会条件。[①]无疑，少数民族流动人口居留、落户城市为各民族交往、交流、交融提供了空间基础，为共居、共学、共事、共乐创造了前所未有的社会条件，是新时代推进民族团结进步创建工作的历史机遇。封闭、隔离都不是民族关系的良性状态，事实证明，一些国家不同民族之间出现彼此隔离、互不接触的“平行社会”状态会带来民族关系脆弱、社会结构断裂的恶果。[②]回顾中国历史，“自古以来，中原和边疆人民就是你来我往、频繁互动。特别是自秦代以来，既有汉民屯边，又有边民内迁，历经几次民族大融合，各民族你中有我、我中有你，共同开拓着脚下的土地”[③]。进入人口大流动的新时代，将再次深化各民族之间的交往、交流、交融。

（二）从居留、落户到互嵌式社会结构

少数民族人口涌入都市也为城市民族工作提出了更高的要求，因为都市正在日益成为各民族交往交流、正面碰撞的前沿地带，也正在成为一个影响民族关系的敏感地区。[④]共有空间是民族交往、交流、交融的必要条件，而非充分条件，因为“杂居”不等于“互嵌”[⑤]，从各民族在一个空间内相遇、交往、

---

① 中央民族工作会议暨国务院第六次全国民族团结进步表彰大会在京举行[EB/OL]. [2019-09-29]. http://www.xinhuanet.com/politics/2014-09/29/c_1112683008.htm.

② 郝亚明. 西方群际接触理论研究及启示[J]. 民族研究，2015，（3）：13-24.

③ 习近平. 在全国民族团结进步表彰大会上的讲话[EB/OL]. [2019-09-27]. http://www.xinhuanet.com//politics/leaders/2019-09/27/c_1125049000.htm.

④ 郑信哲. 论少数民族流动人口的城市适应与融入[J]. 中南民族大学学报（人文社会科学版），2014，34（1）：20-25.

⑤ 祁虹. 多民族社区公共性构建研究——从杂居到互嵌的路径分析[J]. 西北民族研究，2019，（2）：142-152.

交流到交融，再到互嵌式社会，包括了几个不同层次的条件和融合过程。这些条件和融合过程既构成了居留与落户的影响因素，又是进一步推进民族交往、交流、交融，构建互嵌式社会结构的社会条件。综合上述居留与落户意愿的统计结果，当前少数民族流动人口居留意愿高达82.3%，落户意愿虽然只有42.3%，但这一比例仍超过了汉族流动人口，可见少数民族流动人口向往城市美好生活的意愿比较强烈，对民族交往、交流、交融也有着积极的期待。同时，从居留与落户意愿影响机制看，在促进民族交往、交流、交融，构建互嵌式社会结构等方面，城市民族工作创新还有很大的提升空间。

基于上述研究发现和讨论，本文提出城市民族工作创新的五个着力点：①以“铸牢中华民族共同体意识”为主线，全面深入持久开展城市民族团结进步创建工作，推进企业、社区、学校、社会共同营造民族和睦的社会氛围，有力提升少数民族流动人口的社会心理认同度，促进市民对少数民族流动人口的承认和接纳。②及时了解少数民族流动人口的心态、境遇和诉求，找准服务的切入点和着力点，对接需求实施服务供给侧改革，以解决其居留、落户、市民化的后顾之忧。少数民族流动人口亟须就业、医疗、养老、住房、子女教育等方面的公共服务。通过跨部门合作、进行语言和技能培训、链接整合资源等方式，可以提高少数民族流动人口的就业能力，为其居留与落户奠定坚实的经济基础。③东中部地区应制定相应政策，吸引、留住少数民族流动人口；西北地区需要深入研究少数民族人口外出的制约机制，帮扶少数民族流动人口外出寻求更大的发展空间。④应特别关注一些流动人口占本民族人口比例小的民族，以及东部流向比例小的民族，如藏族等。⑤少数民族流动人口的居留与落户意愿会随着制度、政策和社会经济的变化而变化，因而，相应的追踪研究应及时开展。

在人口大流动的新时代，应顺势而为，创新城市民族工作，引导各民族交往、交流、交融，同时运用法治手段及时化解可能的摩擦和矛盾，努力构建互嵌式社会结构，让社会结构这只“看不见的手”自动运作、悄然发力，促进多民族社会的有序整合和良性运行。

村落仪式与社区整合
——以云南彝族社区阿朵村为个案

杨文学

21 一、绪论
35 二、村落社区的历史与现状
44 三、与社区居民息息相关的请客
54 四、社区整合的实现过程
62 五、结论与讨论

一、绪论

（一）研究背景

尽管地处祖国大西南秘境深处，但大山里的巍山彝族村落也在经历着同全国其他村落一样的“百年未有之大变局”。改革开放以来，越来越多的彝族青壮年背井离乡，走出世代居住的大山深处到外闯荡，村落正在经历着一场深刻的变化。当地生活环境较为艰苦，发展相对滞后，但自然风光绝对壮美秀丽，民风十分淳朴，村容村貌也十分整洁有序，村落公共生活丰富且质量较高，较之于其他地区的诸多村落显得与众不同。云南少数民族众多，民族之间具交融互通之处，而民族内部又有较强的异质性。巍山彝族群众生活恬静而清逸，村寨里很少有争吵声，生产生活中随处呈现着集体欢乐的景象，村寨呈现出的是一派欣欣向荣的景象。面对当前农村社会研究中所谓的“村落的终结”“内卷化”“消亡”等观点，我们不得不对巍山彝族村落的社会文化及村落运行的逻辑进行深入的探讨。

本文是一个本土研究，在对熟人社会[①]进行一番审视之后，结合实际情况，对当地村落文化及村落运行进行了逻辑思考，在思考过程中，村落的“焦点”进入了研究的视野。2012 年，笔者在远方求学，寒假在家的时候被一件事深深地触动。村中天天有请客，而且一请就连续两三天，早饭、午饭、晚饭乃至夜

① “熟人社会”，更通俗地讲就是“小圈子”社会，其为 20 世纪费孝通在《乡土中国》提出的概念，认为中国传统社会有一张复杂庞大的关系网，人熟是一宝。

宵都由请客的人家提供，村民没事就去他们家里喝茶、玩牌，同朋友或亲戚闲聊，有时一天同时有几户人家请客，仅是去做客赶场都赶不过来。笔者一个多月的长假就这么不知不觉地在做客以及与村中七大姑八大姨等亲戚或朋友的闲聊之中悠闲地度过了。作为社交仪礼的请客，在巍山彝族社区占据着重要的位置。事实上，请客是当地居民日常生活中的一个重要“焦点”。围绕请客所开展的活动占据了当地彝族村民很大一部分空闲时间，请客也是当地彝族居民文化生活的组成部分。人们茶余饭后总是乐于议论请客事宜。无论是生老病死，或是遇到一些其他较为重要的事件，总避免不了需要请客，这一礼仪集中体现了巍山彝族居民的生活方式、价值观念及社会关系，没有任何一个人能脱离请客的社交礼仪。

笔者拟选定一自然村落社区作为调研对象。该社区位于云南省大理白族自治州巍山彝族回族自治县（简称巍山县[①]）。该区域有较高的学术研究价值。云南省作为西南边陲省份，不但生态多样化，而且民族众多，文化多元，笔者所选区域又位于人类学、社会学等著名的田野基地——大理喜洲[②]以南 40 余千米，地处前南诏国[③]发祥地、大理国核心区域、全国彝族祭祖圣地、全国历史文化名城巍山县境内。尽管巍山民族文化资源（尤其是彝族文化）丰富，但是人类学、社会学等学科在巍山县开展的研究十分稀少。其他学科的研究成果也较少，缺乏专业水平较高的成果，特别是对当地少数民族研究得比较少。因此，对当地彝族社区进行深入研究有较高的学术价值。

针对偏远地区少数民族的相关仪式、社区整合、公共空间等现象和问题的研究较为匮乏。仪式、公共空间又与村落民众的日常生活息息相关。现代社会的发展使村落公共空间不断被压缩，民众渐而失去了分享、交流文化的区域与方式。但随着 2010 年以来仪式的复苏，民众的活动范围也渐渐扩大。因此，对少数民族地区日常性仪式及公共空间进行调查研究有助于对当前村落社会、文化发展情况进行补充。此次研究对象具体为巍山县的“中国传统村落”——阿

---

① 巍山县古称邪龙、蒙化，曾经有过府、厅、特区等行政建制，于 1953 年改县名为巍山。

② 喜洲是中央民族大学、北京大学人类学专业的田野调查基地，对喜洲的学术研究始于 20 世纪 30 年代。

③ 目前学界对“南诏国”政权性质的界定尚未达成共识，很大一部分学者把南诏国政权的性质看作“西南少数民族政权”进行研究。对于南诏国发祥地在当今巍山县境内则无争议，巍山县境内存有多处南诏国古城遗迹。而对于政权建立者的族群来源，有“乌蛮”（当地彝族先民）说，也有“乌蛮”“白蛮”（白族）共同建立的说法。

朵村，对该社区日常性仪式与公共空间的调查研究也是对当地民族、民俗等社会问题的深入探究。

少数民族地区的社区建设关乎国家的长治久安。探索和发现少数民族社区治理的路径，特别是挖掘地方文化、充分利用其自身优势对于实现社区的稳定发展具有重要的实际价值。从学理方面来看，由于课题研究对象自身具有十分明显的公共空间实践活动，作为一个传统的彝族村落，各种仪式在阿朵村中较为普遍，仪式化的社会行动伴随着村民的生产、生活活动，而且村落的整合程度较高，所以相关民俗学、人类学、社会学的社会整合研究范式、公共空间研究及仪式研究能够在研究对象上得到很好的实践，对其进行研究具有较好的学理价值。

（二）研究回顾

1. 仪式与社会整合的有关研究

社会整合是社会学研究的一个经典命题，古典社会学先驱马克斯·韦伯、涂尔干及滕尼斯等都对社会整合的相关论题有过经典的论述。其中，涂尔干较为系统地对社会整合进行了论述，他曾提出“现代社会由职业群体实现整合的方案”①，认为“仪式作为表达并实践某种信仰观念的行动，通常在特定的文化圈中起到沟通、强化秩序和整合社会的功能，它使人们感受到所处群体的荣耀感和凝聚力，促进了社会团结的形成”②，而且提出了社会分工是现代社会整合的基础，同时也较为系统地论述了现代社会由“机械团结”向“有机团结”的转型③。甚至在涂尔干所研究的社会事实中“没有一个像社会整合概念那样居于中心地位”④。而传统意义上的仪式则是人类学研究人类活动特别是宗教

① 转引自李沛. 祠堂、祠堂戏剧与社会整合——对温州夏村的研究[D]. 上海：复旦大学，2011.

② 转引自李沛. 祠堂、祠堂戏剧与社会整合——对温州夏村的研究[D]. 上海：复旦大学，2011.

③ 涂尔干意义上的“机械团结”和“有机团结”是相对的概念。机械团结是在劳动分工较低的传统文化中，大多数的社会成员从事相似的职业，共同的经验和共享的信念使他们相互结合。有机团结是建立在社会分工和个人异质性基础上的一种社会联系。由于分工的出现和发展，个人之间的差异性不断扩大，同时也使社会成员之间的相互依赖性越来越强。迪尔克姆认为，分工越细，个性越鲜明，每个人对社会和其他人的依赖性越深，因而社会整体的统一性也就越大。分工造成的个人差异性损害了社会的集体意识，这种集体意识作为社会秩序的基础反过来又变得不那么重要了，重要的是因为分工而产生的人们之间的相互依赖性。

④ 转引自岳天明. 基于道德基础的社会整合——涂尔干的社会理论及当代中国社会意义[J]. 华东理工大学学报（社会科学版），2014，（2）：9-16.

活动的一个重要的理论视角。涂尔干及之后的功能学派都认为“集体象征的仪式创造的共享价值观念与情感认同，是社会团结得以实现的基础条件”①，涂尔干及功能学派认为“认同性整合”是社会整合的基础。拉德克利夫·布朗对仪式与社会整合之间的关系进行了研究，充分肯定了仪式促进社会整合的正功能。拉德克利夫·布朗在一定意义上继承了斯宾塞的“有机体”的社会整合观点，将社会看作一个能够进行自我调节的“有机体”，认为仪式有着“建立和维持社会的正常秩序”②的功能，“仪式不仅是人类社会情感交流和增强的工具，而且把日常充满冲突矛盾的社会暂时提升到一个神秘化的平台……以达到社会和谐”③。特纳通过对仪式与社会变迁进行考察，认为通过“参加这些仪式可以带给个人以超脱感、安慰、安全甚至狂喜或仪式参与者间的亲切感”④，其核心观点认同仪式对促进社会整合有着积极作用，仪式通过同时在场、规范和意识形态的方式把个体团结起来，以促进社会整合。曼彻斯特学派的格拉克曼则通过“反叛仪式”与“社会关系的仪式”研究，认为仪式“能将社会凝聚力、价值观、感情输给人们，也能对冲突社会的一致性加以重构”⑤，起到增强社会整合的作用。

中国的社会学、人类学等学科也对仪式与社会整合之间的关系有所研究。张良以乡村公共空间的衰败及重建为视角，对乡村社会整合进行了研究，把仪式看作人情的公共空间，认为仪式中各个程序、礼节都蕴含着祖辈流传下来的道德伦理，仪式的展示无论对参与者还是对观看者，都具有规训、警示的作用⑥，所以仪式自身可以通过对参与者和观看者的规训、警示，促进乡村社会的整合。按照涂尔干的观点，现代社会的有机团结转向模式的社会分化、发展及社会分工，能够实现社会的整合。刘军艳不赞同涂尔干现代社会的“有机团结”整合转向，他认为我国传统社会的乡村整合是“文化—道德整合模式”，整合的现

---

① 转引自李沛. 祠堂、祠堂戏剧与社会整合——对温州夏村的研究[D]. 上海：复旦大学，2011.

② 转引自张翠霞. 白族中元节仪式研究——以云南大理龙龛村“七月十四”为例[D]. 北京：中央民族大学，2009.

③ 转引自李沛. 祠堂、祠堂戏剧与社会整合——对温州夏村的研究[D]. 上海：复旦大学，2011.

④ 转引自肖敏. 村落的祭祀——雨落村祭山仪式的个案研究[D]. 咸阳：西北农林科技大学，2010.

⑤ 转引自张翠霞. 白族中元节仪式研究——以云南大理龙龛村“七月十四”为例[D]. 北京：中央民族大学，2009.

⑥ 张良. 乡村公共空间的衰败与重建——兼论乡村社会整合[J]. 学习与实践，2013，（10）：91-100.

状是“现代乡村社会中个体意识的增强并未导致人们相互依赖性的增加，反而导致了现代乡村的原子化、离散化”[①]，这与涂尔干的“社会分工”“有机团结”促进社会整合的理念存在本质上的不同。

2. 公共空间与社会整合相关研究

吉登斯在研究社会整合的过程中看到了“共同在场”所发挥的巨大作用，他对空间和社会整合进行了联系，认为“社会整合必定和共同在场情境中发生的互动有关”，“不同社区或社会的成员之间的任何接触，无论涉及的范围有多么广泛，都涉及了共同在场的情境”，也就是说“共同在场的情境总是承载互动的主要情境”。[②]国内对公共空间的研究主要集中在乡村社会方面，乡村公共空间与社会整合研究富有成效。曹海林研究后认为，在 1949 年后相当长的时期内，国家对乡村的影响不断增强，乡村建立国家权威，“乡村社会整合于国家权威之下……村庄社会的整合愈来愈依靠外部力量的强行进入”[③]，村落社区开始在国家秩序之下运转。曹海林对乡村的研究主要从公共空间入手，认为“公共空间凭借特定空间相对固定下来的社会关联形式和人际交往结构方式孕育着社会秩序基础的生成”[④]。曹海林清楚地认识到了公共空间对乡村社会的重要作用。在他看来，公共空间是“社会内部业已存在的一些具有某种公共性且以特定空间相对固定下来的社会关联形式和人际交往结构方式”[⑤]，他认为，“在村庄社会中，共同在场的关系对村庄社会整合起着极大作用”[⑥]。曹海林通过对当前乡村社会进行考察认为，当前乡村的正式公共空间趋于萎缩，之前依靠行政力量嵌入乡村的公共空间正在从村落社会中淡出；相反，村落内部形成的内生型公共空间则开始复苏，在村落中起更为重要的作用。

乡村公共空间是乡村研究的一个重要研究领域。田维扬通过对云南滇池边

① 刘军艳. 中国乡村整合机制的演变[J]. 华中农业大学学报（社会科学版），2011，（5）：74-79.

② 吉登斯. 社会的构成：结构化理论大纲[M]. 李康，李猛，译. 北京：生活·读书·新知三联书店，1998：238-239.

③ 曹海林. 村落公共空间：透视乡村社会秩序生成与重构的一个分析视角[J]. 天府新论，2005，（4）：88-92.

④ 曹海林. 村落公共空间：透视乡村社会秩序生成与重构的一个分析视角[J]. 天府新论，2005，（4）：88-92.

⑤ 曹海林. 村落公共空间与村庄秩序基础的生成——兼论改革前后乡村社会秩序的演变轨迹[J]. 人文杂志，2004（6）：164-168.

⑥ 曹海林. 村落公共空间：透视乡村社会秩序生成与重构的一个分析视角[J]. 天府新论，2005，（4）：88-92.

的一个村落进行研究发现，“村民通过公共空间获取各种公共信息，发表社会舆论，合作处理公共事务，培育公共精神等行为和观念”①。曹海林对乡村公共空间的研究则较为深刻，研究发现，在乡村社区，村民在公共空间的活动主要有聊天、日常娱乐、日常生活用品买卖、年节娱乐、婚丧嫁娶、祭祖（或宗教）仪式、乡村基本行政事务等。他认为，“公共空间凭借特定空间相对固定下来的社会关联形式和人际交往结构方式孕育着社会秩序基础的生成”②，公共空间内的活动把社区内分散的个体编织在相互关联的社会网络内，社区成员之间的相互关联性直接影响到了社区社会。

随着乡村社区研究的不断深入，目前对于乡村公共空间的研究也在不断深化，逐步积累了比较全面的研究成果。宗祠、寺庙、土地、水井、街头、商铺、茶馆等具有典型意义的公共空间是重要的研究领域。朱小田通过对江南茶馆进行实证研究认为，“在乡村社会的运作中，江南茶馆是乡村市场的结点、社区政治的焦点和闲暇生活的热点”③，茶馆对当地社会的整合起到了重要作用。戴利朝同样对作为公共空间的茶馆进行了研究，认为茶馆的产生标志着乡村公共空间的复兴，他探讨了茶馆兴衰所蕴含的社会运行逻辑以及其与社会转型、社会结构的关系，认为“公共空间的发展与整体社会的运作既互相制约又相互促进”④。胡英泽利用田野调查资料对水井制度进行了研究，结果表明，“北方乡村水井在建构社区空间、规定社会秩序、管理社区人口、营造公共空间、影响村际关系等方面有重要作用”⑤。

（三）相关概念及其界定

1. 社区整合

帕森斯的社会系统论是最早的系统性的社会整合论述。帕森斯把社会结构

① 田维扬. 村落公共空间的表达——以昆明滇池西南岸中谊村文昌宫为例[D]. 昆明：云南大学，2010.

② 曹海林. 村落公共空间与村庄秩序基础的生成——兼论改革前后乡村社会秩序的演变轨迹[J]. 人文杂志，2004，（6）：164-168.

③ 朱小田. 近代江南茶馆与乡村社会运作[J]. 社会学研究，1997，（5）：54-61.

④ 戴利朝. 茶馆观察：农村公共空间的复兴与基层社会整合[J]. 社会，2005，（5）：96-117.

⑤ 胡英泽. 水井与北方乡村社会——基于山西、陕西、河南省部分地区乡村水井的田野考察[J]. 近代史研究，2006，（1）：55-78.

看成是有机体系统、人格系统、社会系统和文化系统相互作用的结果，社会子系统通过 AGIL（adaption，适应；goal attainment，目标达成；integration，整合；latency pattern maintenance，潜在模式维持）分析模型实现整合，子系统“根据系统的统一需要，使系统单位的行为保持一致，并抑制和扭转偏差行为的干扰，促进和谐合作”①。在帕森斯看来，系统整合是社会子系统通过“正式规范”实现的有序交换关系，而社会整合则是社会中行动者之间的有序关系。洛克伍德也对系统整合与社会整合进行了区分，提出“社会整合是行动者之间既有序又冲突的关系；系统整合指在系统的各部分之间既有序又冲突的关系”②。哈贝马斯更为强调系统整合与社会整合的张力，他认为社会整合是在生活世界中由具有语言和行动能力的主体基于共识实现的整合③。吉登斯则把社会整合理解为“把行为者的相互性带入共同在场的环境”，而系统整合则是“行动者跨越时空，超出共同在场条件的相互性”。④

结合实际研究，本文运用社会整合、系统整合的相关理论，对社区的整合情况进行研究，具体研究的是乡村或者说村落的社区整合。刘军艳认为乡村整合就是“通过村庄自身力量或国家外在力量或二者共同作用实现乡村秩序化的过程”⑤，也就是说村落的社区整合过程也就是村落实现有序秩序的过程。而村落秩序的形成主要来自村落内部的习惯法（村规民约、宗法等）、村落精英的活动及其权威的影响和民主自治实践三部分。本文研究的社区整合就是基于社区成员共同在场情境下实现有序化行动，形成社区成员行动共识和社区成员关系的村落运行逻辑。

2. 仪式与仪式化

古典社会学家涂尔干较早以前就对仪式有了较为深入的研究。涂尔干认为仪式在个人的社会化过程中起到至关重要的作用，而且“仪式无时不有、无所

---

① 转引自李沛. 祠堂、祠堂戏剧与社会整合——对温州夏村的研究[D]. 上海：复旦大学，2011.

② 转引自李沛. 祠堂、祠堂戏剧与社会整合——对温州夏村的研究[D]. 上海：复旦大学，2011.

③ 哈贝马斯. 公共领域[M]. 汪晖，陈燕谷，译. 北京：生活·读书·新知三联书店，1998：13-22.

④ 转引自李沛. 祠堂、祠堂戏剧与社会整合——对温州夏村的研究[D]. 上海：复旦大学，2011.

⑤ 刘军艳. 中国乡村整合机制的演变[J]. 华中农业大学学报（社会科学版），2011，（5）：74-79.

不在，是建立一个群体所必需的最基本的社会组织方式”[①]。范·热内普在其著作《过渡礼仪》中将所有仪式概括为“个人生命转折仪式”，包括出生、成年、结婚、死亡和“历年再现仪式”，如生日、年节，并将这些仪式统称为“过渡仪式”或“通过仪式”，并划分为三个主要阶段，即分离、过渡、整合。[②]特纳则把仪式定义为“用于特定场合的一套规定好了的正式行为，它们虽然没有放弃技术惯例，但却是对神秘的（或非经验的）存在或力量的信仰，这些存在或力量被看作所有结果的第一位和终极的原因”[③]。

从广义上看，仪式包括人生仪礼、宽泛的礼仪，以及人际交往的规范何把仪式界定为“象征性的、表演性的、由文化传统所规定的一整套行为方式”[④]，杨丽娟则认为“仪式是对感觉的重复和强化”[⑤]过程。仪式化“是指将日常生活中的行为实践赋予仪式的内涵，并按照特定的形式要求而常规化的过程”[⑥]。仪式化同样具有重复性、程式化和象征意义等特征，主要关注人们日常的、例行性的社会活动或是相关规范制度所起的作用。

结合以上观点，本文所界定的仪式是指在特定的时间、场所和人群中具有文化意义的行为实践。它有一定的规范制度、组织性和 “可复制性”，能够对参与事件的成员起到一定的强化作用，而且还有一定的文化意义。在具体的研究中，本文则把请客当作是一种仪式。

3. 公共空间

公共空间的概念首先由哈贝马斯在《公共空间的结构性变化》一书中系统地提出，其源自“资产者的公共领域”（bourgeois public sphere，简称“公共空间”），是“建立在国家和社会之间，是不受外界侵扰的自由空间”[⑦]。与公共空间相关的公共领域也是哈贝马斯论述的重点，哈贝马斯的公共领域主要

---

① 转引自王霄冰. 文化记忆、传统创新与节日遗产保护[J]. 中国人民大学学报，2007，（1）：41-48.

② 转引自张翠霞. 白族中元节仪式研究——以云南大理龙龛村“七月十四”为例[D]. 北京：中央民族大学，2009.

③ 转引自彭文斌，郭建勋. 人类学仪式研究的理论学派述论[J]. 民族学刊，2010，（2）：13-18，160.

④ 郭于华. 仪式与社会变迁[M]. 北京：社会科学文献出版社，2000：1.

⑤ 转引自肖敏. 村落的祭祀——雨落村祭山仪式的个案研究[D]. 咸阳：西北农林科技大学，2010.

⑥ 李沛. 祠堂、祠堂戏剧与社会整合——对温州夏村的研究[D]. 上海：复旦大学，2011.

⑦ 转引自田维扬. 村落公共空间的表达——以昆明滇池西南岸中谊村文昌宫为例[D]. 昆明：云南大学，2010.

是指“各种自发的或有组织的公共聚会场所和结构的总称”①，哈贝马斯强调人们可以在公共领域不受约束地进行自我表达，实现公共交往。

曹海林则对公共空间进行了较为深入的研究，他在研究中把公共空间定义为“社会内部业已存在的一些具有某种公共性且以特定空间相对固定下来的社会关联形式和人际交往结构方式”②，他还把村落公共空间划分为“行政嵌入型”和“村庄内生型”两种。在曹海林看来，社会学意义上的公共空间可以是一特定的社区公共场所，如村落中的寺庙、集市、村口、祠堂等，同时也可以是社区内“普遍存在的一些制度化组织和制度化活动形式”③，如红白喜事活动、企业组织、村落组织等。曹海林通过对村落社区的研究得出了村民在公共空间进行聊天、日常娱乐、日常生活用品买卖、年节娱乐、婚丧嫁娶、祭祖（或宗教）仪式以及乡村基本行政事务，这些活动“把原先较为分散的社会个体编织成一张相互关联的网络，社会个体成员之间的相互关联性在很大程度上制约着社会秩序的形成及其性质”④。

张良则根据公共交往类型及其相应的承载空间将公共空间划分为信仰性公共空间、生活性公共空间、娱乐性公共空间、生产性公共空间及政治性公共空间。张良认为农村社区内村民通过“群体性聊天、参加红白喜事、人情往来等日常生活产生社会关联，形成生活性公共空间”⑤。张良所界定的公共空间和曹海林所界定的公共空间较为接近，认为公共空间是地域空间的概念，而且也是村庄内制度化的组织以及制度化活动，如红白喜事活动、村落文体活动等。

借鉴之前的研究成果，本文的公共空间具有两方面的意思：一方面是地域、空间上的概念，即是村落举办请客仪式的地方及与请客相关活动的地域概念，具体是客场⑥、请客的家庭住宅⑦；另一方面是制度化、组织化了的社会关联和

① 转引自夏国锋. 乡村社会公共生活的变迁——基于鲁西南夏村的考察[D]. 武汉：华中师范大学，2007.

② 曹海林. 村落公共空间演变及其对村庄秩序重构的意义——兼论社会变迁中村庄秩序的生成逻辑[J]. 天津社会科学，2005，（6）：61-65.

③ 转引自朱静辉. 再造“场域”：村落公共场所变迁视角下的村庄认同与整合[D]. 武汉：华中师范大学，2007.

④ 曹海林. 村落公共空间：透视乡村社会秩序生成与重构的一个分析视角[J]. 天府新论，2005，（4）：88-92.

⑤ 张良. 乡村公共空间的衰败与重建——兼论乡村社会整合[J]. 学习与实践，2013，（10）：91-100.

⑥ 客场是村庄最近几年出现的专门待客的场地，是提供客人接待、宴客等服务的空间，功能类似于城市里的酒店。

⑦ 尽管是私人家庭，但是因为办客，私人家庭有了公共属性，亲朋好友可以自由进入家庭，自由地进行思想交流。

人际交往结构的总和。

4. 请客

请客是遇有红白喜事所举行的仪式，有人家遇到红白喜事都要办酒席，邀请亲朋到家里举行各种仪式，俗称请客，而被邀请的人去参加则称为做客。请客伴随着人一生的生老病死，以下事件都需要请客。

1）孩子出生满月。简称满月客、送月礼，或是煮酒米。

2）孩子满周岁。孩子满周岁时需要摆酒席，亲友前来贺礼。

3）结婚。不论是嫁女儿或是讨媳妇，都要请几次客。首先是相家客，就是男女在确定要结婚后，男方家要组织亲戚到女方家，女方家要办酒席。其次是献祖，相家之后男方家要组织亲戚请客祭祖，告知祖先家门中有人要结婚了。再次是过彩礼，过彩礼就是男方家到女方家把彩礼送给女方家，女方家请客。最后才是结婚的婚宴客，男女双方都要请。结婚正客过后，男方家还要组织亲戚在第二天去女方家做回门客。

4）建新房，也称“竖柱”。以前建房主要是用木料，把木料架子竖起来的当天就要请客。现在的房子大多是用钢筋、水泥、石料等浇灌而成的新式楼房，一般要在房屋基本完工之后请客。

5）生日客。一般称之为“过寿”。只有老人才请生日客，一般老人在年满70岁、80岁的时候会请。

6）人去世。人去世后要举办各种大的仪式活动，包括请客。此外，人去世满“头七”（就是第一个七天，即人去世后第七天）直至“七七”都会有亲戚到有人去世的家里做客，其中尤以“头七”和“七七”人最为多。

7）清明客。人去世后的第一个清明节，家人要办客，简称“献坟”。清明节前后也会有小规模请客祭祀老坟、祖坟的。

8）人去世后满百天要请客，亲属要给去世的人烧纸钱、烧纸包，简称“烧包客”。

9）人去世满两年或是三年。一般是男的去世后年满两年，女的去世年满三年要请客，简称“脱孝客”。

10）其他请客。其他诸如有的人家会在正月初在家宴请亲朋，简称“春客”；

还有现在有的居民家中孩子高考后被大学录取了也会请客；火把节的时候竖火把的人家也会请客。

不同的请客有不同的仪式，也有不同的要求。清明客、生日客、相家客、献祖客、过彩礼客、烧包客等，一般是办一天。而其他如建新房、结婚、孩子满月及满周岁等客都要经过较为烦琐的过程，一般需要办三天，即第一天是乡帮、第二天是正客、第三天是酬客。第一天的乡帮是为正客做准备，需要把各种事情准备好，从“乡帮”的字面意思可以理解为乡亲帮忙。第三天是主人为了感谢亲朋的帮忙请客。乡帮和酬客相对简单一些。

做客的划分是非常复杂的。如人去世后“头七”、“三七”、清明献坟等，一般买一些红糖、酒水等礼物给主人家就可以。其他的则要复杂得多，一般去外村做客，去了会和主人寒暄，以现金的形式送人情就可以，吃完饭就可以离开；而在村落内做客，除了要以现金的形式送人情，还要送一定数量的大米，要是亲戚关系较近的话还需要给主人家帮忙。

本文把请客看作仪式和公共空间的集合体进行研究。本文所界定的仪式是指在特定的时间、场所和人群中具有文化意义的行为实践。它有一定的规范制度，具有一定的文化意义。很明显，请客具有这些特质，请客是一种社会实践行为，请客的行为必须在约定的时间内、特定的时空范围内和人群之中发生，请客行为也被赋予了文化意义。请客同时又具有高度的规范性、组织性特征。本文界定的公共空间有地域、空间的概念，既是村落举办请客仪式的地方，具体是客场、请客的家庭住宅，又是制度化、组织化了的社会关联和人际交往结构的总和。

（四）研究逻辑

近现代以来的乡村是反复变革中的“共同体”[①]，无论是在意识形态上，还是在乡村自身结构上，乡村受到的冲击都远远超过历史上其他任何时期。近现代以来，国家对基层社会的管理进一步加强，同样基层社会也受到全球化、

---

① 社会学中“共同体”一词最早由德国古典社会学家滕尼斯在其著作《共同体与社会》中引入，滕尼斯将共同体分为血缘共同体、地缘共同体和精神共同体。滕尼斯认为，血缘共同体作为行为的统一体发展和分离为地缘共同体，地缘共同体直接表现为居住在一起，而地缘共同体又发展为精神共同体，作为在相同的方向上和意义上的纯粹的相互作用和支配。

现代化浪潮的冲击，传统意义上的乡村不再持续锐减，短期内肯定不会迅速消失。在这样的大背景下，传统意义上的乡村在受到各种冲击的同时，事实上也在不断地调适和整合，以满足自身生存和发展的需要。

当下，农村社会变迁中村落公共空间正在演变中趋于萎缩，这种演变从村落日常仪式中可见端倪。本文选择自然村落社区作为研究对象。[①]传统意义上的乡村习俗、信仰、观念、仪式等日常实践活动对乡村社会的运行有十分重要的影响。乡村日常仪式实践活动与公共空间的发展必然相关。基于以上思考，本文提出以下研究假设。

1）村落公共空间内的集体行动对村落社区有积极的整合作用。

2）村落内的仪式、仪式化行动能够增强村落内成员的社区认同感，强化集体意识，从而有利于村落社区整合的实现。

3）村落社区整合经历了传统型（道德约束为主）、国家强力控制型和现阶段的国家带动村落社区内聚力复苏的整合过程，现阶段村落社区的整合具有了一些新的特质。

4）一般来说，少数民族村落社区与普通的汉族村落在社区整合形式上存在差异，本文的研究对象——阿朵村的社区整合有其特殊性，也有一定的代表性。

对于具体的社区整合范式，本文遵循的是如图 1 所示的分析范式。

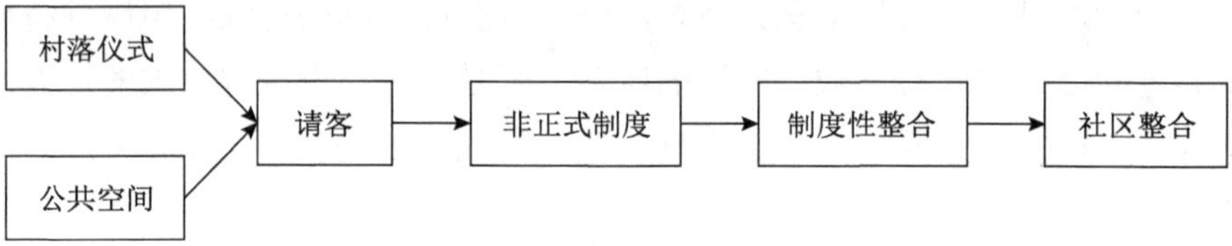

图 1　研究分析范式

在社区研究过程中，笔者主要运用社会整合的分析范式进行分析。社会整合可以通过组织性整合、制度性整合、认同性整合及功能性整合四个方面来实现。在具体的研究过程中，笔者对制度性整合进行修正，运用非正式制度对村落社会进行考察。制度是一个较为模糊的抽象概念，可简略地概括为

① 对于为什么要以一个自然村落社区为研究对象，后文会有阐释。对于乡村社会社区的研究，学界大多以行政意义上的村为单位，即村委会进行研究的；也有以乡镇为一社区来进行研究的；甚至有把乡村集市的范围作为一社区进行研究的。

"在社会或群体生活中逐渐形成的，调节、规范其中各行动主体之间互动关系和互动行为的社会规则或规范，其中包括强制性规范和非强制性规范，正式规则和非正式规则，显规则和潜规则"[①]。诺斯把制度分为正式制度和非正式制度，正式制度有强制性的特点，而非正式制度的约束力则有限得多。在实际研究中，村落里的请客正好满足非正式制度的一般准则。请客或做客是民间的仪式行为，是社区居民约定俗成的行为规范。因而，本文视请客为非正式制度的集合体进行探讨。请客在社区扮演着重要的角色，请客为社区居民提供了公共空间，社区居民在请客或做客的过程中可以自由地交换意见。

（五）研究方法

本文运用社会科学的研究方法，采用质性研究与量化研究相结合的方法对研究主题进行研究，具体采用了历史文献法、参与式观察法、结构化访谈法及问卷法等。通过运用历史文献法，根据所研究的主题，本文尽可能多且细致地搜集、查看了已有相关研究文献，并且对收集到的历史文献资料进行整理，对地方志及与研究主题相关的书籍进行查阅，收集整理了相关资料。参与式观察法是主要的研究方法之一，是认识和理解课题研究对象的基本方法，通过参与式观察，笔者在认识、理解研究对象的基础上，进行相关田野资料的整理。结构化访谈法是收集相关资料的重要方法之一，笔者紧密联系研究主题设计出访谈提纲，在田野调查过程中选取适当的人员进行结构化访谈，收集资料。问卷法是进行量化研究的基础，需结合研究对相关概念进行操作化，设计出问卷，在田野调查中进行问卷，调查收集资料，并运用统计软件对所收集到的资料进行处理，获取相关资料。

（六）个案资料

在研究中，研究对象是村落社区的整合，具体来看，村落由 147 户村民构成，所以 147 户村民成为研究的样本总数。但由于村民整户离家打工等客观因

① 赵靖伟，司汉武. 关于制度的社会学研究综述[J]. 西北农林科技大学学报（社会科学版），2008，(2)：98-103.

素的存在，实际上被调查的样本数少于147户。在实际的研究中，主要以户为单位进行问卷调查，排除客观不能进行访问的家户数，实际上对92户居民进行了问卷调查。在以户为单位的调查对象中再立意抽样抽取一名受访者进行问卷调查。所收集的资料通过抽样涵盖了村落147户居民里的92户，每一户有一名受访者完成了问卷。另外，由于问卷设计的深度有限，为了更为详尽地收集相关资料，本文还设计了访谈，对村中近20人进行了深度访谈，受访者包括村委干部1名（村党总支支部委员、副书记）、小学教师1名、县文化馆退休职工1名、村民小组长1名、个体工商户1名及其他村落群众若干。从年龄结构来看，受访者从20多岁的年轻人到年近80岁的老人都有。受访者的具体情况如表1所示。

表1　样本的基本构成情况

项目		样本数/人	有效百分比/%	累积百分比/%
民族	彝族	89	96.7	96.7
	汉族	3	3.3	100
	合计	92	100	
性别	男	56	60.9	60.9
	女	36	39.1	100
	合计	92	100	
年龄	0—24岁	14	15.2	15.2
	25—40岁	29	31.5	46.7
	41—55岁	22	23.9	70.6
	56—99岁	27	29.3	100
	合计	92	100	
所受最高教育	未上过学	12	13	13
	小学	23	25	38
	初中	38	41.3	79.3
	高中	15	16.3	95.6
	大专及以上	4	4.3	100
	合计	92	100	

续表

项目		样本数/人	有效百分比/%	累积百分比/%
家庭主要成员从事职业	农业	34	37	37
	行政事业单位	1	1.1	38．1
	个体工商业	4	4.3	42.4
	在外务工	50	54.3	96.7
	其他	3	3.3	100
	合计	92	100	

注：表格资料据调查问卷整理所得，数据因四舍五入有误差，误差在可允许范围内

从表 1 来看，受访对象中除了有 3 名汉族居民外，其余都为彝族居民，符合当地彝族社区的特征，且 3 名汉族居民都是因为通婚融入社区的。从性别上看，男性所占比例要比女性高出 20 多个百分点，男性明显多于女性。从年龄上看，各年龄段所占比例分布较为均衡，差距不大。从受教育程度看，未上过学的达到了 12 人，这与当地在过去很长一段时期内教育水平不高、不重视教育等有一定关系，当地年龄较大者特别是女性文盲较多。在家庭主要成员所从事的职业中，54.3%为在外务工者，这基本与村落的实际情况相符。阿朵村自 20 世纪 90 年代末大批劳动力开始转移，到现在大多数家庭中青壮年甚至部分中老年都长期在外务工，主要去往附近的大理、昆明，以及较远的深圳、广州、佛山及苏州等地，从事的行业有家具制造业、服装生产业、电子元件生产组装业和餐饮服务业等。

二、村落社区的历史与现状

巍山县位于横断山脉的南部边缘地区，东边一侧是哀牢山的最北边，西南边一侧则是无量山的最北边，全县被群山环抱。同时也是两条著名的国际性河流红河和澜沧江流经的重要区域，被誉为红河源。红河流域、澜沧江流域及两河流经的无量山、哀牢山的河谷地带与山区是重要的云南彝族传统文化区域。附近有漾濞彝族自治县、南涧彝族自治县、景东彝族自治县、楚雄彝

族自治州及红河哈尼族彝族自治州等行政区域，其他诸如凤庆、昌宁、弥渡、大理等县市也分布着大量的彝族居民，这一区域内还星罗散布着众多的彝族自治乡。巍山县域内有一个云南省为数不多的较大的盆地（云南当地俗称“坝子”），也是巍山核心区域所在，巍山县人口集中在巍山盆地的各个乡镇。截至 2018 年末，全县境内约 32 万人，其中彝族 11.3 万，回族 2.4 万，彝族和其他十余个少数民族群众主要居住在巍山县境内的山区及巍山盆地与山区的边缘地区。[①]

巍山县是滇西乃至云南省的彝族核心文化区域，巍山古城于 1994 年被国务院公布为第三批中国历史文化名城，清朝乾隆年间则被御封为“文献名邦”。唐朝初年巍山为彝族部落蒙舍诏属地，由于蒙舍诏位于滇西六诏的最南边，故又名南诏。南诏部落领袖细奴逻曾经在巍山建城立池，建立了大蒙国，之后南诏统一六诏，直至统一云南省全境及周边部分地区。在南诏经营云南的近三百年间，统治阶级主要构是巍山彝族，南诏对巍山也产生了巨大的影响。此后的大理国对南诏国进行了继承，巍山地区也是大理国统治的核心区域所在。南诏国、大理国等少数民族政权对巍山的历史产生过重大影响，除此之外，元明时期开始，云南等少数民族聚集地区实行的“土司制”也对巍山的历史、文化等产生了重要影响。明初之后的 500 多年间，巍山一直实行的是“土流合治”，即中央派遣的流官和当地的土官共同管理地方的政治制度，而巍山当地的土官则是世袭制，有左氏 17 代彝族土官对巍山进行了世袭。事实上，由于土官为地方世袭，所以土官的势力和影响较为深远。

（一）村落概况

阿朵村位于巍山盆地中部西山脚下，属于盆地与山区的边缘地区，“阿朵”在当地彝语中的意思是火红的村子，隶属庙街镇云鹤村村民委员会，云鹤村村民委员会的 7 个自然村均是纯彝族村。阿朵村距离庙街镇大约 6000 米，距离巍山县城 14 千米，距离大理白族自治州州府大约 45 千米。2015 年，阿朵村有居

① 巍山彝族回族自治县概况. [EB/OL]. [2019-04-24]. http://www.dlweishan.gov.cn/wsrmzf/c102255/201904/90cdb7addc0c4b9e92589eb194d3b059.shtml.

民 147 户，户籍人口 618 人。整个村子坐西朝东，背靠祖房箐[①]和大黑山，村子前面有较为宽敞的水泥路乡道与庙街镇相连，交通较为便利，村子中绝大多数房子分布于一条与乡道垂直的东西走向的水泥路两旁，村内路面实现了硬化。村子的东面和南面分布着整齐的农田，主要的农作物为水稻、玉米、烟草、油菜等，农作物分春秋两季收割和种植。村民委员会、村里完全小学及村卫生室等均位于村落内，村民委员会位于村落最南边的乡道西边，即村落入口处，村里完全小学和村卫生室则位于村落最北边。

阿朵村和相邻的几个自然村有着非常深远的关系，在过去很长的时间里，阿朵村村民的通婚对象主要是附近的几个彝族村落中的居民，亲属关系也同样主要集中在附近的彝族村落。缘于近些年来的打工热及交通情况的改善，现在阿朵村的通婚和亲属关系网络都有所扩大，但是人际交往和亲属关系主要集中在村落内和附近村子的情况似乎没有改变。阿朵村村民绝大多数是族内通婚，现在甚至也有村内通婚的个别现象，所以现在村内各家庭之间的血缘、亲缘关系错综复杂。当地一般称彝族话为土话，年纪较大的老人聚在一起闲聊的时候都喜欢用土话交流，年轻人能用土话流利交流的不多，但是绝大多数村民基本上都能讲上几句土话。

阿朵村除了少数几家为罗姓之外，其他人家姓字。阿朵村的字姓和巍山左氏土司有关，村内居民自称是左氏土司后裔。统治和管理了巍山 500 多年的左氏土司原先是阿朵村所在地“天磨牙十九部”的“乌蛮”彝族，左氏发迹后在阿朵村附近的垅圩图山修建了家庙——土主庙，把祖坟世代设在阿朵村背后的大黑山，阿朵村附近的地域成为事实上左氏土司管辖的核心地域。左氏土司家中的左光宝就曾在现今的阿朵村筑土堡定居，经营祖业，之后生育有四个儿子，四个儿子后成为阿朵村四大“屋祖”“户祖”。四个屋族一直姓左，经营附近的土地、畜牧等产业。清末道光年间，阿朵村的左家和居住在巍山古城的左氏土司家族产生了极大的矛盾，自此以后阿朵村的居民全村改姓字。当地彝族自信，巍山及附近的字姓、左姓、茶姓同为南诏皇族的后裔，原国姓为蒙，所以左姓原

① 地名，即祖先居住的山箐，彝族左氏土司祖房在附近，祖坟则在祖房箐背面的大黑山之上。祖房箐现在是一个自然村落村庄名，现在的“祖房箐”有原为左氏土司家族守护祖坟、田产的雇农发展成为现在的 70 多户人家的村落。

是蒙姓。南诏国后期政权更迭，时政动荡，大理国建立后，南诏国蒙氏家族为了逃避政治迫害纷纷改姓字、左、茶，从大理逃回祖籍巍山及周边的大山深处。所以，阿朵村认为字姓和左姓同为一家人，为了和左氏土司决裂就改姓字。

祖先崇拜、本主等是村中现在主要的民间信仰，家家户户都在房屋的楼上设有神龛，神龛里一般放置祭祀用品及祖先牌位、各种神位，诸如“字氏门中列祖列宗位”“天地君亲师位”等。村中修有村庙观音庙及祠堂，观音庙是对寺庙的一种称呼，庙里塑像不但有观音，还有太上老君、山神及本地神南诏王等。逢年过节、家中遇有重要事情，村民不但要在家中祭祀祖先，而且还要到观音庙祭祀，向祖先及各神祷告、祈求。村民有很强的祖先崇拜情节，一方面，他们认为自己的祖先（特别是当地彝族祖先“南诏王”）曾经辉煌过，应该铭记在心去祭奠；另一方面，他们认为自己祖先中较为辉煌的人去世后都会成为神保佑他们，所以村民给他们立像以便供奉。附近不远的垅圩山就是南诏王筑城立国之地，南诏时期也在垅圩山修建了庙宇，之后发展成为规模庞大的佛庙、道观建筑群，明朝年间左氏土司曾在山上修建了祖庙——土主庙，土主庙成为当时左氏家族及其他彝族群众祭祀祖先的地方。之后庙宇毁坏失修，现在垅圩山上的庙宇又得以重建，数十栋建筑物构成了一个规模庞大的建筑群。其中就有土主庙，庙内有南诏王皮罗阁塑像。包括阿朵村在内的附近彝族群众，只要有人去世，亲人在把去世的人安葬后都会去土主庙为去世的人“赎罪”，同时也有带去世的亲人去祖先皮罗阁处报到的意思。

村内公共生活较多，正月十五打歌是阿朵村的传统，已有相当久远的历史；每逢其他节庆或是遇有人家请客办事都会有人打歌；村中有数支打歌队，大致可以分为老、中、青几个队，其中中年队有2个，一个队少则有十几二十个人，甚至多的可以到二十多人三十个人。村中的打歌队也经常参加县里、州上组织的文艺汇演之类的文体活动。在过年的时候村中都要组织“联欢晚会”以及篮球比赛等文体活动，活动都比较正式，规模也比较大。正如附近其他彝族村寨一样，火把节的时候，村落也会自发地组织活动，在村内竖起“大火把”，村民对火把节的参与也较为积极。村落近些年出现了两个客场，每逢遇有村内人家请客办事，客场就是全村老小忙活的场所。

（二）社区内的民族及民族意识

巍山地区彝族先民较为活跃，在民族识别以前当地彝族多以腊鲁（罗）拔、罗罗、厄尼蒲等多种称谓自称。相关研究普遍认为巍山腊鲁（罗）拔彝族是南诏时期乌蛮蒙氏家族的主要支系，唐朝时期对巍山当地彝族等少数民族一般称之为“乌蛮”，早些时候则称之为“昆明夷”。到元明时期，对巍山彝族的正式称呼有由“乌蛮”改为统一的“罗罗”。李京所著《云南志略》记载：“罗罗，即乌蛮也。”康熙年间的《蒙化府志》记载：“罗罗，‘土著之乌蛮也’。”①元朝的官方史籍中正式把巍山地区的彝族先民（乌蛮）记载成了罗罗。在明朝之前，原巍山地区主要聚居的是彝族先民，明朝时期开始，当地的民族构成和居住格局发生了变化。“明代始设卫屯田，大量汉族官军进入，彝族逐步移向山区、半山区，随后发展成为盆坝以汉族聚居为主，山区多以彝族聚居的现状。”②这样的格局一直持续到现今。

据清《蒙化志稿》：“倮罗（罗罗），有二种，一种即古云罗罗摩，为哀牢九族之一，南诏细奴逻后也；一种为蒲落蛮。类虽不同，俗亦相近……疾病不服药，惟信鬼，用阿闭禳之……婚丧宴客恒以笙箫杂，男子踏歌时，悬一足作商羊舞……人死，椎牛而祭，有阿闭念夷经……性嗜酒，每会饮无不醉。”③现今巍山彝族也传承了《蒙化志稿》中所描述的巍山彝族先民的一些习俗，当地除了部分边缘山区还有为数不多的几个“阿闭”④以外，靠近坝区的阿闭已经在早些时候消失了。但是打歌的习俗在绝大多数彝族地区仍然保留了下来，特别是在老人去世后，孝子都要为其“踏歌”（踏歌是之前对打歌的称呼），当地居民认为孝子踏歌便于去世的亲人找到回家的路。

在笔者调研的地方，现今绝大多数群众倾向于认同自己是彝族人，对彝族有一定的认同感，对其他民族称呼自己为“罗罗”非常反感，可以称其为“腊罗”或是“腊罗拔”。腊罗拔在彝语里的意思是“崇尚龙虎的人”。阿朵村等附近村的村民同时也存在地域认同。云鹤村村民委员会和碧清村

① 转引自巍山彝族回族自治县人民政府. 巍山彝族简史[M]. 昆明：云南民族出版社，2006：24.

② 《巍山彝族回族自治县概况》编写组. 巍山彝族回族自治县概况[M]. 北京：民族出版社，2008：11.

③ 转引自巍山彝族回族自治县人民政府. 巍山彝族简史[M]. 昆明：云南民族出版社，2006：5.

④ 阿闭，就是彝族的“闭摩”，是彝族的知识分子、神职人员，主要负责祭祀等活动。

村民委员会等处在红河西边到西山脚下区域，之前两个村的村民委员会长期属于同一个基层自治组织——“云碧人民公社”（或“云碧生产大队”）。所以这两个村的村民在县域内与其他民族交往时往往会说自己是“西边人”，而有意地去民族概念化。正如徐烺光对大理喜洲研究后发现的当地白族存在的冒籍现象（即认同自己的祖先来自南京应天府），云鹤地区彝族群众也曾经长期存在冒籍行为。在过去很长一段时间内，当地彝族也认为自己祖先来源于中原地区，来自南京应天府，甚至会认为自己的祖先是汉族人。

截至2010年，巍山县主要的民族构成及分布情况见表2所示。

表2　2010年巍山县主要民族构成及分布情况表　　单位：人

乡镇	汉族	彝族	回族	白族	苗族	傈僳族	其他民族
南诏镇	35 691	8 647	524	617	94	29	109
庙街镇	48 487	14 191	3	208	3	5	54
大仓镇	39 610	9 880	1 338	419	19	9	83
永建镇	25 602	5 624	20 226	1 463	151	6	19
巍宝山乡	5 556	7 774		7	90	11	12
马鞍山乡	3 003	12 276	3	197	545	25	10
紫金乡	4 054	5 606	2	3 578	32	13	3
五印乡	5 260	19 961	7	48	411	225	32
牛街乡	1 413	9 763		110	75	203	12
青华乡	4 077	12 000	2	21	188	21	10
合计	172 753	105 722	22 105	6 668	1 608	547	344

资料来源：巍山彝族回族自治县地方志编纂委员会办公室. 巍山年鉴2010（内部资料）[M]. 2010：364

由表2可以看出，南诏镇、庙街镇、大仓镇及永建镇四地有较多的彝族人口,不过这四个的镇彝族人口基本分布在坝区与山区的边缘地区及周围的山区，而且人口所占比例远远低于汉族人口。而其他6个乡镇中彝族人口都占绝对优势，特别是在青华乡、牛街乡、五印乡、马鞍山乡等地，彝族人口数量都是其他民族人口总和的数倍。

（三）中国传统村落

住房和城乡建设部于 2013 年 8 月公布的第二批“中国传统村落名录”中把阿朵村列为中国传统村落之一。传统村落评价认定指标体系（表 3）对入选的村落进行了严格筛选和调查，认定体系中的很多指标阿朵村已经达到。传统村落认定主要从村落传统建筑、村落承载的非物质文化遗产两个方面对村落进行认定。

表 3　传统村落评价认定指标

项目	指标	明细指标	备注（详细说明）
村落传统建筑	久远度	现存最早建筑修建年代	明代及以前、清代、民国时期及中华人民共和国成立至 1980 年以前
		传统建筑群集中修建年代	清代及以前、民国时期、中华人民共和国成立至 1980 年以前
	稀缺度	文物保护单位等级	国家级、省级、市县级
	规模	传统建筑占地面积	
	丰富度	建筑功能种类	居住、传统商业、防御、驿站、祠堂、庙宇、书院、楼塔及其他种类
	完整性	现存传统建筑（群）及其建筑细部乃至周边环境保存情况	
	工艺美学价值	现存传统建筑（群）所具有的建筑造型、结构、材料或装饰等美学价值	现存传统建筑（群）所具有典型地域性或民族性特色，建造工艺独特，建筑细部及装饰十分精美，工艺美学价值高；具有本地域一般特征，代表本地文化与审美，部分建筑具有一定装饰文化，美学价值较高
	传统营造工艺传承	至今仍大量应用传统技艺营造日常生活建筑	
	科学文化价值	村落选址、规划、营造反映的科学、文化、历史、考古价值	具有典型的地域、特定历史背景或民族特色，村落与周边环境能明显体现选址所蕴含的深厚的文化或历史背景；有一定地域和文化价值；保持本地区普遍的传统生活特色
村落承载的非物质文化遗产	稀缺度	非物质文化遗产级别	世界级、国家级、省级
	丰富度	非物质文化遗产种类	国家级、省级
	连续性	至今连续传承时间	至今连续传承 100 年以上；连续传承 50 年以上
	规模	传承活动规模	全村参加、30 人、10—30 人、10 人以下
	传承人	是否有明确代表性传承人	省级以上、市级以上

续表

项目	指标	明细指标	备注（详细说明）
村落承载的非物质文化遗产	活态性	传承情况	传承良好，具有传承活力；传承一般，无专门管理；传承濒危无活力
	依存性	非物质文化遗产相关的仪式、传承人、材料、工艺及其他实践活动等与村落及其周边环境的依存程度	遗产活动空间、工艺传承与村落空间具有一定依赖性，活动组织与村民联系密切，具有民间管理组织；遗产活动组织与工艺传承与村落较为密切，为本地域共有特色遗产，具有代表性遗产可不依赖村落保持独立传承

资料来源：住房城乡建设部等部门关于印发《传统村落评价认定指标体系（试行）》的通知[EB/OL].[2012-08-22]. http://www.mohurd.gov.cn/wjfb/201208/t20120831_211267.html. 引用时有删减

阿朵村形成较早，较好地保留了当地明清时期的建筑风貌，村内尽管新建了大量的新式楼房，但是村内清代、民国时期建筑比比皆是，保存较为完整，且建筑面积较大。建筑具有较高的艺术价值和地方特色，房屋以土墙筑成，多为两层的瓦房，一般由两栋或是多栋建筑物组成一个院子，有的院内正房对面还会筑以照壁，房屋的墙上多绘有花木水草鸟兽等图案。此类房屋在巍山地区传统的房屋构造，具有一定的地域特色，房屋建筑得较为精美，房子讲求整体美观，用料以木材、青砖等为主，楼上楼下用木料板块隔开，楼上楼下都可以住人，楼上大多为储物间，由木质楼梯与楼下相连。楼下房子分成多间，窗户等多由精美木雕组成。

阿朵村还是国家级非物质文化遗产巍山彝族打歌的传承示范点。2010 年，巍山县人民政府授牌阿朵村为“民族民间歌舞传承示范点”。阿朵村打歌的风格也是巍山彝族打歌的典型代表，正月十五打歌已经成为村子的习俗，流传了很长时间。每逢过年过节或是村中办事等都会举办打歌活动。打歌在村内很受欢迎，无论男女老少，参与的人都较多。现年 80 岁的字升老先生毕业于云南艺术学院，长期从事巍山彝族民歌文化研究，精通于巍山彝族打歌，早些年从县文化馆退休后一直闲居于村内，是省级非物质文化传承人。阿朵村被选定为中国传统村落，可以说是实至名归。无论是从村落历史（南诏历史、左氏土司历史、巍山彝族历史）来说，还是从当前村落民俗保存、村落风貌，特别是国家级非物质文化遗产传承的情况来看，其都具有不可替代性和必然性。

（四）村落经济社会史

尽管地处边疆地区，但是大理地区在较早的时候就已经与中原地区有频繁的往来，南诏国、大理国时期大理是其行政中心，所以大理地区的社会经济都得到了很好的发展。南诏国、大理国时期在社会管理、生产等方面都极大地借鉴了中原地区。明朝开始的改土归流、屯兵戍边等政策加快了大理地区与中原文化的交流与融合。民国时期，学者甚至把大理周边的白族、彝族当作汉族来看，甚至对他们进行研究后认为大理周边的居民（主要是指现今喜洲白族）“比汉人还要汉人”。从中可以看出，大理周边的社会在较早时期就已经同中原地区的社会较为相似。大体与唐朝相始终的南诏国发祥于巍山境内，巍山一直是南诏国重要的政治、经济文化中心之一，南诏国统治者也用心地经营着祖籍地巍山，大理国时期，巍山是大理国的直属封地；元朝开始则一直实行土流合治，土官制度直至民国时期才终结。

大体上说来，在元明清时期，巍山当地的社会符合费孝通所说的礼俗社会[①]，与中原地区的传统社会较为接近，社会结构单一，社会分工简单，地方社会治安良好，宗族对地方村寨发挥着绝对的主导权。正如贺雪峰对中国传统社会所提出的“秩序均衡”（贺雪峰认为“中国古代乡村秩序一般均衡的主要特征是，乡村社会秩序的调节大大依赖于文化力量，亦即依赖存于农民个体心灵中的自我约束与调节力量，内化的道德信条可以有效降低人们行为的越轨可能性，并可以有效调节人与人之间的社会关系”[②]），在传统社会里，巍山彝族社区居民基本都是靠自身的道德来约束行为，人与人之间的社会关系较好。

阿朵村形成于明朝洪武年间，村落的形成受左氏土司影响，在左氏土司管辖巍山的500余年里也一直深受左氏土司的影响。巍山在明朝时期的行政建制为蒙化府，明政府在较早的时期内对蒙化府进行了政权建设，实行了土流并管的地方政策，蒙化府第一任土知府[③]为左禾。天摩牙里就是现今阿朵村附近的

---

① 礼俗社会亦译为“乡土社会”“社群”。社会学中使用的德文术语，指一种基于传统社会关系的社会，与法理社会相对。

② 贺雪峰. 乡村治理与秩序——村治研究论集[M]. 武汉：华中师范大学出版社，2003：207.

③ 土知府是土府厅之第一等土官，是少数民族地区由部族首领世袭之土司文职长官，秩从四品。土知府掌理其世袭辖地内之一应事宜，受所隶地方长官之约束。

古地名。阿朵村原是左氏土官家族为了管理家族财产所修筑的一个土城寨子，由左氏家族一支系镇守经营，主要负责管理附近的田产、家庙及祖坟。此后直至民国时期，阿朵村等诸多彝族村寨都是左氏土官家族世袭管理的辖地。在左氏土官家族世袭蒙化（巍山）土知府、土知州的500多年间，阿朵村居民世代都为左氏家族服务，深受封建领主制的影响。直至清朝末年，左氏家族对阿朵村等彝族村寨的影响力有所减弱，封建地主制在当地有所发展，阿朵村等彝族村寨纷纷摆脱左氏家族的统治，成为较为独立的村寨。

在传统社会中，阿朵村等巍山彝族社区都是高度整合的，无论是在左氏家族封建领主制下还是在后期封建地主制之下，其村落构成单一，民族成分单一，甚至都是宗族、家族制下形成的村寨。其整合的基础是村落的领主（土司），领主对管辖范围内土地资源有绝对拥有权，领主一般把土地的使用权交付给村寨，村寨居民经过土司的允许可以自由使用土地（往往由土司在村寨的代理人“村寨主”行使权力）。农民则上交一定数量的土地所得给土司。土司管辖范围内的农民必须经过村寨向土司获取土地使用权，农民通过村寨紧紧地依附于土司，不但需要向土司上交土地所得，如有需要还需为土司提供劳役。土司通过村寨把农民紧密地整合在一起，使农民通过依附村寨来依附于土司。土司管理的村寨在一个相对独立的系统内运行，与外界接触不多，村寨居民则因为亲属关系更加紧密，村里土地资源的使用、水资源的分配以及村中其他大小日常事情都通过村落内部的组织（主要是屋族）和制度得以解决，村落有自己的运行逻辑和整合机制。

三、与社区居民息息相关的请客

请客是实现社区整合的基本条件，为社区营造了公共空间，为社区居民凝聚人心提供场所，甚而成为村落居民日常生活的一种秩序，集体情感在请客的过程中得到凝聚，促进了社区整合。“仪式作为人情公共空间的重要构成部分，其中的各个程序、礼节都蕴含着祖辈流传下来的道德伦理，仪式的展示无论对于参与的人还是对于观看者，都具有规训、警示的作用。”[①]作为仪式的请客

① 张良．乡村公共空间的衰败与重建——兼论乡村社会整合[J]．学习与实践，2013，（10）：91-100.

具有很强的传承性，在长期的传承过程中形成了自身的规则，对参与的成员进行伦理道德上的规训，具有很强的延续性。通过参与一系列仪式，在请客的过程中社区居民之间的情感联系被调动起来。

（一）请客的基本分类及形式

请客是一个复杂体系的集合体。表4概括了请客的基本分类、仪式及主要内容。总之，请客种类繁多，不同的客事其仪式也会有所不同，办客所需的时间及参与的人也会有所不同。

表4　请客的基本分类、仪式及主要内容

请客分类	具体客事	仪式	地点	办客天数	办客规模	主要参与人
孩子出生	满月	酒席；祭拜祖先；祭拜村庙；随礼（钱、大米、婴儿用品）	主人家；客场	2—3天	较大	至少几百人
	满岁	酒席；祭拜祖先；随礼（钱、大米）	主人家；客场	2—3天	较大	至少几百人
青年人结婚	相家	酒席	主人家	1天	小	一般能有几百人
	献祖	酒席；祭拜祖先	主人家；客场	1—2天	小	一般能有几百人
	过彩礼	酒席；送（接）彩礼	主人家；客场	1—2天	小	一般能有几百人
	结婚	酒席；祭拜祖先；祭拜村庙；装箱；打歌；随礼（钱、大米）	主人家；客场	3天	非常大	几百至上千人
	送亲	酒席	主人家；客场	1天	一般	几十人
	回门	倒洗脸水；喝糖水；酒席	新媳妇家	1天	一般	几十人
建房、搬家	建新房	酒席；丢粑粑；打歌；随礼（钱、大米）	主人家；客场	3天	非常大	几百至上千人
	搬家（乔迁）	酒席；祭拜村庙；祭拜祖先；随礼（钱、大米）	主人家；客场	3天	非常大	几百至上千人
人去世	扬白	酒席；设灵堂念经；开吊；给逝者沐浴、更衣、装棺；踏歌	主人家；客场	1天	非常大	几百至上千人
	出殡	酒席；随礼（钱、大米）；哭丧；送山	主人家；客场	1天	非常大	几百至上千人
	复山	祭拜土主	土主庙	1天	小	少数核心亲戚

续表

请客分类	具体客事	仪式	地点	办客天数	办客规模	主要参与人
人去世	满七	吃夜宵；随礼（酒、糖）	主人家	1天	小	主要亲戚
	烧包（满百天）	祭祖；烧包	主人家	1天	小	主要亲戚
	脱孝	酒席；祭祖；烧包；烧孝服	主人家	1天	小	主要亲戚
	清明（献坟）	酒席；随礼（酒水、糖）	主人家；客场；坟场	1天	一般	一般能有上百人
其他客	生日（过寿）	酒席；打歌	主人家	1天	一般	一般能有上百人
	升学宴	酒席；随礼（钱、大米）	主人家；客场	1—2天	较大	至少几百人
	火把节	祭拜村庙；竖火把；撒火把；打歌	观音庙	1天	较大	全村基本参与
	春客	酒席；随礼（酒水；鸡）	主人家	1天	小	少数被邀请人

从空间范围来看，请客主要是在客人家、客场举办，只有火把节较为特殊，主要在村观音庙举办。一般来说，办客首选客场，客场由社区一个个体工商户在差不多十年前设立，是一个庭院式建筑，置办有厨房、库房及数十套桌椅等，也可以为办客人家提供酒水、饮料等办客用品。客场是一个置办酒席、待客的社区设置。客场主人在为社区居民提供办客客场时会收取一定的租赁费用；在农闲时、逢年过节时，客场也会对外开放，为社区居民提供休闲娱乐的场所。客场为社区居民请客、待客提供了很大的便利。社区居民遇有要办客的，都会提前联系以免客场被其他居民预订。如果客场实在安排不开，办客的就只能选择在家中待客。其他一些规模较小的客事，如春客、过寿、清明、烧包、脱孝、相家等因为规模较小，往往也选择在家中待客。有一些客事较为特殊，如献坟（清明上坟），这时会带上餐具、邀请亲戚去坟场祭拜祖先，也会在坟场做饭宴请亲戚。而人去世后“上山”（即下葬）后的第二天，几个核心亲戚会到附近垅圩山祖庙土主庙为逝去的人赎罪，也有一个较小规模的客事，主要是在垅圩山土主庙进行。

从办客的时间跨度看，人去世所办的客、结婚客和建新房客等的时间跨度都较大，往往有几天的跨度，一般都有“乡帮”、正客、酬客过程，各种过程都需要一天。而类似孩子满月、满周岁等则视具体情况而定，往往也需要两三天的时间来筹办。而相家、献祖、过彩礼、烧包、脱孝、清明等客事则往往只需要请一天的客。而春客、复山等客的筹办及客也简单得多，往往一个早上或是一个中午的时间就能够完成。

从办客的规模来，规模最大的应属“白事客”，也就是人去世后所请的客。规模非常大，与离世人相关的核心亲戚都可以“临客”，召集其亲属参与丧事。在出丧的当天，一般社区居民家举办的客事宴席往往能招待上百桌客人，每桌八人，以此推测社区居民“白事客”过程中接待的客人往往达到上千人。几乎全社区的成员都会参加，再加上“临客”等做客的亲朋，参与的人非常多。其次是结婚和建新房等客事，办客规模具体看办客人家的亲属关系网络，规模从几十桌到上百桌不等，办客规模同样也较大，很大一部分社区居民会参与。孩子满月、满周岁等客规模也较大，办客规模往往能到二三十桌，社区内的屋族都会参与，还会邀请邻舍、朋友等其他亲朋。而相家、献祖、过彩礼、脱孝等办客规模则要小一些，规模和满岁客差不多，往往有二三十桌，主要参与的是屋族等较为核心的亲朋。其他一些客事则较为特殊。烧包在人离世后100天的时候进行，主要由核心亲戚参与，一般能有数桌人。而春客则是一种特殊的形式，在春节过后，办客人邀请相关的人到家中做客，其规模视情况而定，一般有两三桌人。

（二）普遍存在于社区内的请客

请客作为一种日常性的行为实践已经深深地影响到了人们。遇到婚丧嫁娶、建房搬家等，就意味着必须请客，邀请亲朋参加仪式。而对于被邀请的人来说，做客则是必须的，特别是对于以自然村为单位的社区，如果你家被邀请了去做客就没有理由不去。在社区内举行的客一般一办就是三天。社区最近几年又正好赶上房子建设、婚嫁等最为集中的时期，在平常的月份里经常也会有各种客事。到了寒冬腊月的农闲季节，正好是外出务工人员返乡高峰期，而且那一段时期大多也是一般意义上农村办客的“良辰吉日”，村落社区内几乎天天都有持续不断的客事。在村落社区里，遇有客事，青壮年男女都会集中在一起，帮忙办客的主人家准备和收拾各种事情，大到杀鸡宰牛，小到洗菜刷碗，照顾、服侍四面八方赶来的客人。老人、小孩等更多的则是在一天三餐吃饭的时候赶来凑个热闹。在空闲的时候，更多的人则在办客的主人家里或是客场里玩扑克牌、打麻将，或是三三两两地凑一块儿闲聊。请客这一村落社区的实践行为已经深刻地影响了村落及居民，是村落和居民生活的一个重要部分。通过对所抽取样本资料进行整理，不难发现请客中村民之间的互动。

如表 5 所示，在 92 个受访对象中，经常去做客的为 90 个，占到总样本的 97.8%，受访对象几乎都是经常去做客的，比例非常高。受访对象中有个别居民不怎么去村中做客，可能是出于某些不可避免的客观原因，如长期在外、家中有人帮忙代理做客的事务。总之，如果没有特殊情况，只要村中有人请你去他家做客，都是必须要去的。如果实在忙得抽不开身，没时间提前去办客人家帮忙，可以等到吃饭时直接过去。

表 5　社区居民做客情况

做客情况	频次	有效百分比/%	累积百分比/%
经常去	90	97.8	97.8
不怎么去	2	2.2	100
合计	92	100	

从表 6 可以看出，当问及村落中有人请客是否必须要去时，绝大多数社区居民（受访对象的 96.7%）表示必须去，从中可以看出社区居民对于是否参加村落社区居民家中的客事具有很高的一致性。社区居民普遍认为做客是“人情事务”，“该应的还是要应”，“人家请了就要去”，“你不去，那怎么做人”，“不是那个人，人家也不会请你”。做客对于社区居民来说，更像是一种义务。

表 6　社区居民对被邀请做客的态度

态度	频次	有效百分比/%	累积百分比/%
必须去	89	96.7	96.7
不一定去	3	3.3	100
合计	92	100	

如社区居民 ZWL（男，高中，60 岁，务农）[①]精辟地说，“现在的客事

① 在对访谈资料进行编码的过程中，遵循学术规范，人名用英文字母代替，括号内分别为性别、学历、年龄及主要职业。后同。

人多，亲戚多，朋友也多，生活条件也提高了，你找我，我找你，人就多了”，“十冬腊月，天天做客，客场里天天都有人，晚上玩到一两点的有，到三四点的有，玩到天亮的也有”。对于参加客事，社区居民是没有选择的，必须参加。正如 ZS（男，大学本科，75 岁，退休工人）所说的，“我们彝族人，你尊重我，我就更尊重你，你看不起我，我就不理你，彝族人有这个性格在里头的”，“我们这里别人请你客的话，肯定是要去的，即便去了不吃饭也要去一趟”。可见，社区居民对于做客、请客等客事行为有着深刻的认识，对于客的逻辑认识是非常清楚的，客是一种社区居民不可回避的行为。

从表 7 可以看出社区居民年均做客的家次。因为一户人家请客可能请几天，一个人可能去同一户人家做客几次，所以做客请客用“家”进行统计较为确切。通过统计发现，92 户居民家中没有任何一个家庭年均做客少于 30 家，户均做客家数集中分布在 30—60 家，其中有 9 户居民的年均做客家数超过了 60 家。从统计结果可以看到，对于社区居民来说，其一年内做客的次数比较多。正如前面所说的，很多客事在本村落社区内举办，往往一户人家的客事要花费较长时间，村落社区内的客事绝大多数需要花费两三天时间。总之，从社区居民年均做客的家数统计也可以清楚地看到，对于社区内居民来说，客已与他们的生活息息相关，在社区居民的日常生活中扮演着重要的角色。

表 7　社区居民年均做客情况

做客数/家	频次	有效百分比/%	累积百分比/%
30—44	47	51.1	51.1
45—60	36	39.1	90.2
大于 60	9	9.8	100
合计	92	100	

（三）客事带来的一些改变

请客的盛行不是一朝一夕形成的，而是社区长期发展的结果。村落内的请客也不同于城市里的请客，村落内的请客不以收受礼物为目的。受过高等教育、见多识广的老人 ZS（男，大学本科，75 岁，退休工人）说：“过去为什么就兴起办客？社会意义不仅仅是为了吃一顿饭，我的理解是这样，有事必须要办客。我觉得我们的祖先不笨，我们的群体要互相了解，互相交往，不了解不交往关系就疏远了。”社区居民认为，办客是为了进行情感交流，是为了维持群体的亲密关系。正是在请客的过程中，社区的熟人社会得以强化。ZWL（男，高中，60岁，务农）说：“一办客、一办事就一起拢场，大伙都是忙的忙、闲的闲、望的望（凑热闹）、玩的玩，都有好处，都好玩。”表面上大家在做客的过程中是在玩，然而这是一种非常有效的互动，正是基于这种互动，社区内的客都能够得以非常高效地进行。YS（男，初中，25岁，务农）说：“我们村相当团结，办事（请客）好办。出什么事情一叫（找人）人就聚集起来了。”

社区一直在发生改变，村民提到之前村落存在小偷小摸等情况，菜园里种的菜蔬经常会被偷，家中一些生产工具之类也经常失窃，然而现在的情况大有改善。居民总结原因时说，之前“都是穷惹的”，因为吃不饱，没东西吃、买不起东西所以才会想到偷，现在情况都改善了。关于吃，ZWL认为从做客的过程就可以看出，ZWL（男，高中，60岁，务农）说：“办事（办客）是复杂的，红白喜事还不相同，菜都需要十多道。饭虽然好吃，办的时费劲，麻烦了一点，也改变不了，它已经是风俗习惯了。”现在的情况是经常有各种丰盛的菜肴，社会风气大有改善，甚至是路不拾遗。ZJN（女，初中，49岁，外出务工）说：“以前瓜啊、菜啊种出来都会被偷，现在没人偷了。东西丢外头，也没有人拿。”ZML（男，初中，52岁，村干部）说：“以前停放一辆车可能有人把它弄坏，甚至会被偷盗。现在不管什么车子，随便放在哪里，都没有人要了。打谷机、微耕机等这些机器，在哪里用就放在哪里了，放田地里几天都不会有人动。”

在做客的过程中，随礼是一个重要的仪式。从表8可知，社区居民以户为单位，年均纯收入在多个层次均有分布，年收入在29 999元以内的有18户居民，年收入在30 000—49 999元的有28户居民，年收入在50 000—69 999元的有35户居民，年收入在70 000—99 999元的有9户居民，年收入大于10万元的有2户居民。社区居民户均年收入多在30 000—69 999元，占据总样本量的68.4%。此外也可以看到，社区居民收入之间存在贫富差距。送人情（随礼）花费是社区居民的一项重要开支，送人情的年均开支多在2000—3999元，占到样本总量的82.6%。在送人情花费的家庭经济压力感受方面，有3户居民（占比

3.3%）感到压力非常大，有38户居民（占比41.3%）感到压力比较大，55.4%的家庭则感到压力一般。在对社区贫富差距的看法方面，有1户居民（占比1.1%）感觉社区贫富差距非常大，41户居民（占比44.6%）认为社区贫富差距一般。

表8　社区居民户均年收入、送人情（随礼）花费及对社区贫富差距的看法

项目		频次	有效百分比/%	累积百分比/%
户均年收入/元	1—29 999	18	19.6	19.6
	30 000—49 999	28	30.4	50
	50 000—69 999	35	38	88
	70 000—99 999	9	9.8	97.8
	大于100 000	2	2.2	100
	合计	92	100	
送人情花费/元	0—999	1	1.1	1.1
	1000—1999	2	2.2	3.3
	2000—2999	35	38	41.3
	3000—3999	41	44.6	85.9
	大于4000	13	14.1	100
	合计	92	100	
送人情花费对家庭压力	非常大	3	3.3	3.3
	比较大	38	41.3	44.6
	一般	51	55.4	100
	合计	92	100	
对社区贫富差距看法	非常大	1	1.1	1.1
	比较大	41	44.6	45.7
	一般	50	54.3	100
	合计	92	100	

注：表格资料据调查问卷整理所得，数据因四舍五入有误差，误差在可允许范围内

尽管社区居民之间存在较为明显的贫富差距，然而社区居民对于村落社区贫富差距的主观感受却是模糊的，仅有1户居民感受到社区贫富差距非常大。这不得不对请客的存在进行反思，由于请客属于集体参与活动，社区居民平等地

进行合作、对话，无论贫富，在请客这一特定的公共空间内他们是平等的，形成了一个公平社区内部公平交流机制和公平的大环境。所以，社区居民在经过客的过程后，能够在一定程度上减少贫富上的落差感，实现一定意义上的平等。

（四）请客的另一种形式：生活、娱乐空间

作为公共空间、仪式的“客”，尽管对于社区居民来说有其参与的必然性，但是在实际参与的过程中，也有把“客”娱乐化的倾向。客事的举办把社区居民以“客”的名义聚集在了同一空间范围内，而且时间跨度较长，又有太多的客事正好发生在农闲时节，即便是在较忙的时候社区居民也会抽出一定的时间参与到“客”中。另外，在参与客事的过程中，社区居民除了有时一定要参加某些仪式外，其余会有较多的空闲时间，这就为客中产生娱乐行为及娱乐性公共空间创造了条件。正如费孝通先生所言，“减少劳动，减少消费的结果，发生了闲暇……他们知道如何不以痛苦为代价来获取快感。这就是所谓消遣。消遣和消费的不同在这里：消费是以消耗物资来获取快感的过程，消遣则不必消耗物资，所消耗的不过是一些空闲的时间”[①]。社区居民在参与“客”的过程中势必会产生闲暇，产生闲暇就要进行消遣。客事为娱乐性公共空间提供了必备的条件，有了公共性文化产地（如客场）、公共性文化活动（如玩扑克牌、打歌、打麻将），而且客事本身又有很强的组织性，这很容易就把客事发展成为一个娱乐项目。

对于村落里的娱乐活动，村民 ZJL（男，小学，51 岁，个体户）说道：“我们这里是南诏国的发祥地，以前很长一段时间，村民饭都吃不饱，哪有时间打歌。”而现在情况则发生了根本的改变，正如 ZML（男，初中，52 岁，村干部）所说的：“村上五六十岁的老人家，差不多天天都在一起打扑克，有两三桌，中年打麻将的也有些，不过不突出，晚上学舞、跳舞的有三四场，村民在一起的时间还是多的。”对于作为生活一部分的客事来说，村民有着自己的理解。YS（男，初中，25 岁，务农）认为：“请客的话，经常不在一起的亲戚朋友聚在一起，一起说说聊聊，在附近的亲戚朋友平常不会来，做客会来聊聊天，喝喝酒，吃吃饭。”

---

① 费孝通. 江村经济[M]. 上海：上海人民出版社，2006：359-360.

ZJL（男，小学，51岁，个体户）说："在做客的时候、平常闲的时候，一村人就在一起。和谁都没隔阂，今天我和你很激烈地争辩，两三天后又嘻嘻哈哈的了，也不会记仇。家里的事情都讲一讲，今天你和我吵了一架，明天你遇到困难，我还是会很同情你。"可见，即使在客事过程中产生了矛盾，甚至发生了口角，对于社区居民来说，矛盾并不像看上去那么恶劣，反而在不知不觉之中就会消解。

如表9所示，基本上所有参与客事的社区居民都会与他人互动交流，最为普遍的是聊天。聊天具有较强的娱乐性，可以在打发闲暇时间的同时与他人交流，从而了解到一些事情。在熟人社会的乡村社区，聊天有的时候就是一种不着边际的闲聊，有的时候也会就一些公共性问题和较为正式的问题交换意见、进行讨论。从表9的统计结果可以看出，65.2%的受访对象在参与"客"的过程中聊天"非常多"，而在参与"客"的过程中聊天情况"一般"的比例为28.3%。总的来说，在公共的仪式空间内，社区居民有一个较为舒适的交流空间。同时，也有部分社区居民在客事过程中会参与玩扑克牌、玩麻将及打歌等娱乐活动，但从总体来看参与性都不是特别大。经常参与客事中的这些娱乐活动的样本仅有7个，占总样本的7.6%；而几乎不参与、从来不参与的比例之和为61.9%；偶尔参与的为30.4%。

表9　社区居民"客"之外的娱乐行为

项目		频次	有效百分比/%	累积百分比/%
娱乐参与（玩扑克牌、玩麻将、打歌等）	经常	7	7.6	7.6
	偶尔	28	30.4	38
	几乎不	20	21.7	59.7
	从来不	37	40.2	100
	合计	92	100	
参与"客"的过程中的聊天情况	非常多	6	6.5	6.5
	比较多	60	65.2	71.7
	一般	26	28.3	100
	合计	92	100	

注：表格资料据调查问卷整理所得，数据因四舍五入有误差，误差在可允许范围内

四、社区整合的实现过程

正如有学者指出的，“仪式在那里是人们的一种宣泄手段，起到增强社会整合力的作用”①，作为仪式的请客同样对社区起到整合的作用。请客不但实现了对传统观念的教化，形成了村落规范化的非正式制度，为村落社会有序化提供了基础，同时因为请客是一种共同地域内的公共空间行为，这个公共空间为社区整合提供了基础。此外，通过“客”的实践，“客”成为社区居民日常生活的一部分，已经融入社区居民的生活。“客”除了本身的意义之外，还为社区居民提供了一个日常生活及娱乐的空间。也正是请客这一过程给予了社区居民一种实践感，使其理解、接受和发展了社区特定文化的意义。正如有学者提出的，“仪式作为人情公共空间的重要构成部分，其中的各个程序、礼节都蕴含着祖辈流传下来的道德伦理，仪式的展示无论对于参与的人还是对于观看者，都具有规训、警示的作用”②。社区正是通过这种不断重复的“客”实现了对社区居民的教化，社区也因此实现整合。

（一）人情往来的兴起与村落公共空间重建

传统社会里的阿朵村，村落具有较高的公共性精神。巍山彝族村落在传统社会中往往是相对独立的村落共同体，村落内部自成系统，与外界联系较少，实现了村落的自行整合。村落自身是一个相对独立而完整的整体，村中人际关系错综复杂，村落不但实现了地缘上的统一，而且也是以人际关系、人际互动建构出来的一个整体。经历了近几十年的现代化建设、基层村民自治实践的基层村落整合后，村落的生态发生了很大变化，传统的宗族势力、户族势力受到冲击，传统社会形态发生了变革。经历一系列的变革之后，随着各项社会事业改革在农村地区的深入，城乡之间的互动不断加强，对农村地区产生了巨大的影响。现如今的村落，居民不分贫富，同样生活在村域共同体内，是一个典型的“熟人社会”，村民在生产、生活中相互帮助，人际互动非常频繁，围绕着请客这一仪式所开展的人际互动尤为突出。国家现代化建设给农村带来的最大

---

① 张翠霞. 白族中元节仪式研究——以云南大理龙龛村“七月十四”为例[D]. 北京：中央民族大学，2009.

② 张良. 乡村公共空间的衰败与重建——兼论乡村社会整合[J]. 学习与实践，2013，（10）：91-100.

福利是使村落面貌有了极大改观，生产、生活方式有了极大改善，围绕请客等村落日常行为的人情往来日益频繁，村落的公共空间在静谧了较长时期后又开始呈现出勃勃生机。

村落人情往来的兴起通过请客体现得淋漓尽致，同时请客本身就是一个村落人情往来集合体的结果。随着国家对乡村管理的改革，居民有了更多的私人空间来安排自己的生活，物质条件的改善为村落人情往来提供了必备条件，而客的兴起为诸如客场等村落公共空间的发展创造了条件。客场是舶来品，功能类似于城市里办客的酒店。笔者所调查的社区内现有两个客场，客场内置办有桌椅、仓库、厨房等。另外，客场的出现本来就是村落人情往来兴起的佐证，随着村落人情往来的兴起，大量的客事需要置办，而家庭往往难以承担大规模的酒席及人员的聚集，从而村落里就仿照城市的酒店出现了客场。此外，社区内客数量很多，一个客场很难满足社区居民的需求，就出现了两个客场并存的现象。

改革开放以来，作为村落公共空间的村庙、祠堂等由社区居民重建起来，村庙、祠堂又开始发挥其公共空间的属性功能。祠堂里放置了 KTV 设备，更多的时候是供青年人在平常休闲时用。村庙也与村落里的每户人家息息相关，无论生老病死、逢年过节，每家每户都会去庙里祭拜。国家对基层社会的建设带来的最为直接的影响是给村里建了两个篮球场和一个老年活动中心。平日里偶尔会有居民休闲性地在篮球场上玩篮球，也有群众偶尔在篮球场上打歌、跳广场舞。过年的时候才是篮球场最为繁忙的时候，附近几个自然村的篮球联赛都会在社区篮球场进行。过年期间的晚上，会在篮球场上举办一次村级的联欢晚会。农历正月十五的晚上，篮球场上则会生起篝火，进行村集体的打歌活动。

（二）村落基本秩序的形成与实践

村落有自己的运行逻辑，也有自己的办事规范，这就是村落社区的基本社会秩序。哈耶克依据社会理论的知识论基础，把社会秩序类分为生成性秩序和建构性秩序两种，生成性秩序是指自生自发秩序，建构性秩序是指人造的秩序，这一划分便构成了哈耶克社会秩序分类学的核心。[①]吴思红进一步把乡村秩序

① 转引自张文喜. 对哈耶克的“理性有限”观和“自发秩序”观的解读[J]. 社会科学家，1999，（1）：67-72.

界定为“农村社会结构要素之间平稳有序地互动，乡村社会处在相对稳定和均衡状态”①。贺雪峰也对乡村秩序进行了论述，他把乡村秩序界定为“乡村社会的平稳有序，即乡村社会处于一种稳定和均衡状态”②。正如学者所研究的，社区社会处于一种相对安静的稳定状态，以请客为中心，社区居民紧密地凝结在一起。在现代化建设及市场化浪潮的冲击下，乡村则通过自身的有序化加以适应，实现了村落社区非制度化、非正式的行为规范。作为村落社区的公共空间及仪式的请客，其对实现乡村社区的有序化起到了至关重要的作用，对乡村社区的整合发挥了作用。“公共空间凭借特定空间相对固定下来的社会关联形式和人际交往结构方式孕育着社会秩序基础的生成”③，这种社会秩序是实现社区整合的基础。仪式本身就是一种社会秩序的演进过程，在社会结构的构造过程中产生作用。作为公共空间及仪式的请客，对外实现互动的有序化；对内，日常社会中的矛盾经过请客这一过程中的情感交流得以化解。

客事中的复杂仪式体系构成了社区的重要规范，形成了社区稳定的社交或人生礼仪秩序，主要的仪式有宴席、随礼、祭祖等。大多客事都有宴席，火把节、人去世后的“满七”及复山则没有酒席。火把节尽管没有酒席，但是竖火把的人家会给在场的社区居民发放糖果、酒、茶水等进行招待；“满七”一般要经历7次，即到“七七”，因为仪式是在晚上进行，所以只给参与的亲人提供夜宵；复山参与的人较少，就在土主庙内杀一只鸡，将其作为祭祀用品，祭祀完成后顺便以其为主做饭。社区居民家中但凡遇到重大的事情都要进行祭祀活动，主要有对家中神龛中的祖先、诸神的祭祀及村庙诸神的祭祀，一般情况是一次客的过程中会多次进行祭祀活动，比如结婚过程中就需要多次进行类似的祭祀活动。

客事中的各种仪式是客事的中心，也是一个有趣的过程，其中，礼物馈赠是一个重要仪式，较为普遍的是送人情。一般意义上的送人情有两部分，即货币和大米。大多数客中需要送人情，如满月客、满岁客、喜事客（结婚客）、白事客、竖柱客等，人情根据亲属关系而定，绝大多社区中成员参与客事过程

① 吴思红. 乡村秩序的基本逻辑[J]. 中国农村观察，2005，（4）：65-73.

② 贺雪峰. 乡村治理与秩序——村治研究论集[M]. 武汉：华中师范大学出版社，2003：201.

③ 曹海林. 村落公共空间：透视乡村社会秩序生成与重构的一个分析视角[J]. 天府新论，2005，（4）：88-92.

中会送上 50 元的礼钱及七八斤大米，而亲属关系较好的则会送更多的礼钱，100 元、200 元、500 元、1000 元不等。2003 年以前随礼水平要低得多，那时普通社区居民之间随礼是 10—20 元人民币，再加若干大米。有些礼物馈赠则非常烦琐，却比较有趣。比如，在结婚相关的客事中就有多次礼物馈赠的过程。新娘在出嫁的头天晚上有一个装箱仪式，新娘家主要亲戚会在新娘出嫁头天晚上聚集在一起，亲戚来做客之前都会为新娘准备不同的礼物作为嫁妆，如被子、褥子、塑料花束、门帘、水壶、火盆等较为传统的日常生活必备礼物，也有人会送一些较为时髦的礼物，如毛绒玩熊、灯具、茶具等。其中，长辈还会送一些瓜子，把瓜子装入新娘的嫁妆箱子里，好让新娘子嫁出去以后将其作为礼物给予“瞧新媳妇”的客人。这些礼物会和新娘的陪嫁嫁妆一起，整整齐齐地放置于客厅之中，向亲朋好友展示。新娘出嫁后的第二天一早也有一些礼物馈赠仪式，一大早新娘就要给公公婆婆打洗脸水，公公婆婆在礼节性地洗脸后把水倒掉，然后在盆里放上一定数量的钱作为礼物，再把脸盆交还给新娘。新娘还要给一早赶来的主要亲戚准备糖水，然后逐一给亲戚敬上糖水，亲人在喝过糖水后会给新娘一定数量的钱作为礼物。完成端糖水仪式后，新娘要给主要亲戚送礼物，主要有衣服、鞋子等，亲戚在收到礼物后要给新娘一定数量的钱作为回礼。

清明客和春客等规模较小的客不用送人情，但是不送礼钱和大米等礼物并不意味着无须进行礼物的赠与。清明客中，去做客的居民可以准备一些酒水（可以是散装的当地白酒），也可以准备一些糖果作为礼物。而在做春客时不用进行账面上的随礼，不过也需要馈赠礼物，以酒水等为主，也有人会把一整只活鸡作为礼物进行馈赠。在人去世后满“头七”直到“七七”，主要亲戚会选择性地去家中探望，馈赠礼物，礼物较为简单，以少量的酒水为主，而主人家则以饵丝（当地一种方便食品）作为夜宵进行款待。

客事中有较为鲜明的娱乐性仪式，有打歌、竖火把、撒火把等。火把节被誉为东方的狂欢节，在农历七月底举办，在彝族、白族、纳西族等西南少数民族地区较为流行。在村落社区，火把节有悠久的传统，每年都有人组织过节，不用组织者逐一要求，在竖火把的那天晚上，几乎万人空巷，全村居民都会集中在竖火把的广场，载歌载舞进行狂欢。以一个高十几米的大火把为中心，附近会点燃篝火，居民围绕火把进行打歌等活动。一些青年人和小孩也会准备好小火把、松脂粉，在火把节晚上用小火把对着他人，再将松脂粉撒向他人以示祝福，寓意烧去对人不好的晦气。彝族传统打歌在社区保留得较好，每逢社区聚集居民也会打歌。打歌是去世的人的儿子在亲人去世后举行的一种仪式，后来发展为一种日常性的仪式活动，每逢各种节庆、红白喜事，诸如小孩满月、满周岁、结婚、老人去世、建新房等客事，居民都会在一起打歌。

（三）公共空间中共同在场的情境

乡村社区是一个特殊的场域，由经济、文化、行政及组织等构成一个集合体。乡村社区有地域上的意义，也有公共空间的概念，诸如本文所介绍的请客、客场就是乡村社会公共空间的一部分。在村落社区实现有序化整合的过程中，社区内的人际互动是重要的基础条件，“每一个具体空间场域内发生着的村落互动都不同程度地向村落社会提供社区整合的黏合剂”①。同时，居民也通过社区公共空间内的有序互动进行思想交流，发表观点，讨论和处理村落的各项公共事务，培育村落的公共精神，建构村落社区的有序化。客的存在，为乡村社区培育公共精神提供了平台。村落的公共空间是社区居民互动的基础，在公共空间范围内共同在场，对村落社区的整合具有促进作用。社会整合必定和共同在场情境下发生的互动有关，不同社区或社会居民之间的任何接触，无论范围有多么广泛，都涉及共同在场的情境，即共同在场的情境一直是承载互动的主要情境。村落公共空间给社区成员提供的互动空间，为社区整合提供了情境保证，为社区人际关系、人际交往的整合提供了可能性。

ZS（男，大学本科，75 岁，退休工人）老人把客事直观地理解为社交场合，有一定的现实意义。他说道：“作为老人来讲，做客处是一种很好社交场所，虽然我远远近近的亲戚很多，但不遇做客聚不拢来，我不可能一家一家地去。不遇这个（做客），我们还聚不到一起。人都要交往，都要交流，人都是有亲情的。如果没有办客这个事情，人与人之间的关系会成为什么样子，简直是不可想象的。”

从表 10 可知，在受访的居民中，有 60 个、占总比例 65.2%的受访对象认为自己与社区其他居民关系很好，而认为关系非常好的比例高达 21.7%。这足

① 曹海林. 村落公共空间：透视乡村社会秩序生成与重构的一个分析视角. 天府新论，2005，（4）：88-92.

以说明，社区内部的人际关系都较为融洽。正如前面所提到的，社区内部的关系错综复杂，基本上都既是亲戚又是朋友，而且核心亲戚因为各种原因，往往会是隔壁邻舍。在对社区人际交往情况进行访问时，绝大多数受访对象认为自己与亲戚来往得最为频繁，占总数的 78.3%。对于访谈问题“在家中遇到事情，什么人来帮忙帮得多”，很大比例的受访对象选择回答“核心亲戚”，占总数的 65.2%，同时有 29.3%的受访对象选择回答“亲戚、朋友及邻居都帮忙比较多”。从中可以看出，在社区内部，亲属关系占据着非常重要的位置，无论是在平常的生活交往中，还是在家中有事情需要帮忙的情况下，亲属关系网络都能够发挥作用。亲属关系，特别是分布于统一村落社区的亲属，在长期的互动过程中形成了紧密的亲属网络，在日常生活和遇到事情需要帮忙的时候，亲属关系网络都是比较有效的。客事过程中人际互动较为频繁，而且村落社区有互帮互助的传统。在受访对象中，对于在客事中与他人互助的情况这一问题，绝大多数居民回答 “比较多”或“非常多”，64.1%的受访对象选择“比较多”，高达 23.9%的受试者选择“非常多”，这反映出在共同地域内，客事将社区居民凝聚在一起，使其进行交流，客事是当地人际互动的重要场域。

表 10　社区内居民关系及交往情况

项目		频次	有效百分比/%	累积百分比/%
社区居民人际关系情况	非常好	20	21.7	21.7
	很好	60	65.2	87
	一般	12	13	100
	合计	92	100	
社区内人际交往情况	亲戚	72	78.3	78.3
	朋友	16	17.4	95.7
	邻居	4	4.3	100
	合计	92	100	
家中遇到事情帮忙情况	核心亲戚	60	65.2	65.2
	朋友	4	4.3	69.6
	邻居	1	1.1	70.7

续表

项目		频次	有效百分比/%	累积百分比/%
家中遇到事情帮忙情况	以上都有	27	29.3	100
	合计	92	100	
参与“客”的过程中互助情况	非常多	22	23.9	23.9
	比较多	59	64.1	88
	一般	11	12	100
	合计	92	100	

注：表格资料据调查问卷整理所得，数据四舍五入有误差，且误差在可允许范围内

（四）超越礼物交换的人情交换

礼物是社会学、人类学研究的经典命题。古典时期的法国社会学年鉴派代表莫斯曾经对礼物做出过经典的论述。莫斯通过对原始部落进行深邃洞察，提出了礼物是社会人格的体现，礼物交换过程是获得荣誉和声望的过程，社会群体通过礼物的不断交换产生了群体的义务感觉。但布迪厄对莫斯的礼物交换观持反对态度，认为现代社会与原始社会的礼物交换行为在本质上都是一致的，交换的实质是权力的行使和社会关系的再造。阎云翔在《礼物的流动：一个中国村落中的互惠原则与社会网络》中提出，对于黑龙江省农村社区的研究揭露出，社区中人们持续地通过礼物互动的形式建构出社会关系网络。阿朵村社区内存在十分广泛的礼物交换，在客的过程中表现得非常清晰，尽管这种礼物以金钱（即随礼、人情钱）、大米的形式体现，但是阿朵村中的这种礼物交换的意义要小于阎云翔所说的礼物交换的意义——礼物交换带来社会关系网络。村落中存在超越礼物交换的交换关系，研究称之为人情交换，人情交换所建构出来的社会关系网络的意义要大于礼物交换所带来的意义。

正如前面阐述，阿朵村的礼物交换并非理性经纪人所追求的营利型交换，这种礼物交换被说成是“应人情事务”。村民进行礼物交换被看成是一种人情事务，很明显，里面的人情味要超过礼物本身。事实上，请客办事往往是亏本的，所收到的礼钱往往还不够用来支付宴请亲戚朋友的花费。尽管近几年的人情钱有所增加，一般都到了 50 元，还附带一些大米，但是在社区中做客往往一家人需要去三天，做客都是一家几口人同时去，一天至少两餐，还附带早

饭和夜宵，在现在高物价水平下这是一笔极大的开支。送人情的人不会去计算下次别人的回礼，请客的人也非常乐意大家来吃饭，甚至有人没来还特意会去家里请。

社区是人情社会，做客本身也被赋予了明显的人情味，构成了一种人情交换。除了上述的礼物交换，看不见的人情构成了一个重要的交换元素。去做客的人家吃饭，甚至于是去做客的人家休闲本身都构成了一种交换，这种无形的交换是非常重要的。至于交换的效果，在做客过程中就会凸显出来。请客、办客本身不存在攀比现象，然而在实际的过程中，还是会有所区别。比如说，村落中有一个居民是从县农业生产资料集团公司提前内退回来的，回来后就一直闲着，遇到村落中各种客事都积极主动地参与，去了尽管也没有给别人帮太多的忙，但是他就是经常性地在请客的人家里闲着，在客场吃饭，不管到村落中谁家做客，他都是这样。而村落中还有一家人，全家长期在外务工，尽管也有代理人帮忙在社区中应着人情事务的随礼钱，但是人没法回来。有一次他们两家在同一时段内办客，在几天的时间里，每当吃饭的时候，长期在外务工的一家几乎就没什么人去吃饭，尽管多次去客人家中请吃饭，还是很少有人去，甚至亲属关系比较近的屋族内的亲戚都没来。反观经常在村落中参加客事的那一户居民，办客期间家中很是热闹，每当吃饭的时候人都是满满的。在这个例子中，人情甚至超过了一般意义上的亲情。人情是一个复杂的伦理体系，其结构包含“理性计算、道德义务和情感联系。在客事过程中，人情还构成了一种非常重要的交换，这种交换超越了一般意义上的礼物交换，也超越了不同居民在社会经济上的差距。无论社区居民经济条件优越或是较差，都必须参与进人情交往之中，人情交往在促进社区居民交流、形成社区社会关系网络的同时，也能让社区居民赢得他人的尊重。

（五）对违规者的惩罚

这里把违规者界定为不利于社区整合的人，这种不利于社区整合的人大致又可以分为两类：一类违规者来自社区内部，另一类违规者则来自社区外部。来自社区内部的违规者的行为主要体现在对社区内客事漠视，不参与社区的人情事务，不应人情，阻挡社区开展公益性事业等。来自社区外部的违规者主要是指地痞流氓、恶人等对社区利益、社区居民财产、人身安全构成威胁的人。

对社区内部的违规者的惩罚时有发生，有一件事表现得最为突出。社区内一成员在20世纪80年代当兵回来后被分配进了县粮食局，当初的粮食局效益非常好，此人趾高气扬，很少回村落，对于村落内的事务漠不关心，也很少参与村落内的人情事务。2008年左右，此人生活在社区内的父亲去世，他回来筹办父亲丧事。尽管用好酒、好烟及其他丰盛的宴席招待社区内的居民，但是大家并不买他的账，很多人拒绝参与，丧事显得非常冷清。

对于来自外部的违规者，大家拧成一股绳，共同对外。

五、结论与讨论

（一）基层社会整合的逻辑

在所研究的社区内，请客的运行为社区提供了一个很好的让社区居明参与的公共空间，“客”已经成为一种非正式制度，深深地影响到了社区居民的日常生活及社区的整合。社区通过非制度性的行为实践实现了整合，社区的有序化运行依赖于社区的非正式制度。在请客的过程中，社区为居民提供了公共空间，为居民共同在场的社区参与提供了基础。对于社区居民来说，社区客事的参与是不可避免的，甚至是日常性的义务活动。社区居民通过经常性地参与社区客事，在客事过程中互相帮助、参与娱乐活动来进行情感交流等，这已经成为村落的一种非正式制度，影响到了社区居民的行为规范。作为仪式的请客，对参与的人来说其具有仪式所应具有的基本功能：通过仪式的参与实现对居民的不断强化，从而形成强有力的规则，使社区居民遵循规则，依附于社区。

正如罗伯特·D. 帕特南所说的，“横向的公民参与网络有助于参与者解决集体行动困境”①，从目前村落社区公共空间仪式概念上的社区居民对于客事的参与来看，似乎社区居民集体行动的困境得到了一定的解决，社区居民都积极地参与到社区仪式活动之中，形成了社区的秩序。社区通过“客”的过程实

① 罗伯特·D. 帕特南. 使民主运转起来：现代意大利的公民传统[M]. 王列，赖海榕，译. 南昌：江西人民出版社，2001：206.

现了社会整合。在建构客事等仪式的过程中，社区通过让居民积极参与增强了社区适应社会变迁的能力。

从研究的结果可以看出，乡村社会确实有着很大的魅力，这也是众多学者从事乡村社会研究的一个重要原因。本研究也反映出了彝族社区的一些客观情况，社区建设和治理的总的情况是较为良性的，乡村社区的居民有自己的行为逻辑，在当前对基层社会的建设过程中，我们应该更多地考虑基层社会的内生性动力，实现共建、共治和共享。乡村社会的公共空间内的活动、仪式等一些优秀传统的复兴有其必然性，也有其现实意义，它们反映了当前乡村社区居民的真实的生活方式和价值取向。

（二）对村落性质的思考

在当前乡村研究的成果中，很大一部分研究认为当前的乡村普遍存在无序状态，传统意义上的村落正在解构。经过对阿朵村的深入探讨，笔者明显地看到村落中存在一种有序而又非制度化的状态，笔者称之为非正式制度，这一制度在请客中体现得较为明显。请客在实际的生活中支配和规范着社区居民的行为，并且在请客的过程中形成了一些约定俗成的、具有文化意义的规则。同时，宗族、宗教等在社区中都有复苏的迹象，村落社区对社区居民的吸附力仍然很强。同时，社区中没有衰落的迹象，社区呈现出来的是一派欣欣向荣、热闹非凡的景象。

阿朵村的状态与中国传统社会的村落较为相似。村落的公共服务、公共空间等大多都是由村落提供，村落按照自身的行为逻辑运行。村落秩序大多是内生的，而这种内生的秩序主要得益于社区内居民之间的频繁互动，以客事为中心，社区居民能够较为频繁、直接、深入地互动。社会结构是建立在社区居民之间的以个人为中心的人际关系网络之上的，在地缘的基础上，同时社区也是一个亲缘的集合体，地缘、亲缘的共同在场使社区形成了一张紧密的关系网。社区居民依赖于关系网依附在村落社区上，降低了生存的风险，获得了村落的公共空间，通过关系网络处理社区内的大事小事，从而能从容地面对生产、生活中的各种困难。本文研究结果表明，绝大多数社区居民能够有效地通过参与请客建构出自己的社会关系网络，获得村落内部的关系资源。社会关系网络的普遍存在有利于实现社区居民的一致行动，增强村落内聚力，实现村落社区的整合。

（三）对基层社会整合研究视角的反思

本文选取一个较为微观的村落社区对基层社会整合情况进行研究。在当前农村研究热潮中，研究者对于应该选多大的社区进行研究莫衷一是。本文试图以自然村落为社区单位的社会形态进行研究，从而展示出自然村落的独特性，能够较为全面地对自然村落本身进行分析。自然村落是一个独立的、特殊的社区单位，尽管其不可避免地与周边社区产生了联系，但是就本文的研究对象而言，自然村落社区内部的联系要比村落之间的联系更为紧密。

本文把自然村落作为一个独立的社会进行考察，符合当地的社会实际情况。村落中以请客为核心所形成的非正式制度的影响力主要体现在自然村落之中。传统人类学对村落的研究也往往集中在类似的相对封闭的聚落空间内，较为注重村落社会的共时性，在共时性的基础上，研究还对村落的历史文化及扩大了的周边文化风貌进行了较为全面的探讨，以期实现对研究对象的较为全面的认识。诚如英国人类学家利奇对研究对象的论述，其所研究的社区“不应自称代表任何意义上的典型。它们也不是为了阐明某种一般的论点和预设的。它们的意义在于它们本身”①。阿朵村尽管有一定的特定意义，但是我们也完全没必要把其作为一种典型，而认为代表了当前某一类村落，本文的研究意义就在于村落本身。对于这样一个村落的研究，引入社区整合的理论视角是有意义的，能够较为深刻地对村落发生的变化进行解释，也能较为细致地展现当前村落的风貌。

① 转引自王铭铭. 社会人类学与中国研究[M]. 北京：生活・读书・新知三联书店，1997：34.

城市留守儿童亲子关系问题的个案工作介入研究——以天水市W社区为例

孙颖

67　一、绪论

82　二、W社区留守儿童亲子关系问题诊断

93　三、个案工作介入城市留守儿童亲子关系问题的必要性与可能性

95　四、个案工作方法对城市留守儿童亲子关系问题的具体介入

117　五、结论

一、绪论

（一）研究背景

伴随着社会转型速度的加快，传统的计划经济体制已逐渐被市场经济体制所取代，社会竞争压力与日俱增，人们的生存压力也随之增加；加之个人价值观、就业观的逐步转变，许多人为了家庭、为了事业而去寻求更多的发展机会和更大的发展空间，在这种情况下，无论是在城镇还是农村，人口流动变得越来越频繁。然而，迫于各种压力及各方面政策制度的限制，这些人不能将自己的孩子带在身边，而是将孩子交由其他家庭成员代为抚养，特别是孩子的祖辈。留守儿童正是伴随着这种社会现实状况而产生的，近些年来留守儿童的规模呈现出不断扩大的趋势。段成荣教授根据全国人口普查及计划生育调查所收集到的资料，推测出留守儿童在所有儿童中所占的比例大约为16.53%；这其中，14 周岁以下的留守儿童有 4100 多万人。①对留守儿童而言，一方面，父母在其社会化过程中所承担的责任是缺失的，而祖辈承担了过多的教养、抚育责任，这不利于儿童的健康成长；另一方面，留守儿童数量增多，也将对社会造成巨大的影响。

与农村不同，部分在城市生活的年轻人一方面迫于生活压力，为了自身职业技能水平的提高或由于工作性质的限制，不得已外出学习、进修或到外地工作等，没有过多的时间和精力照顾孩子；另一方面，改革开放以后，市场的迅

① 转引自柯露露. 留守儿童家庭亲子关系的社会工作介入研究[D]. 武汉：华中师范大学，2012.

速转型使原有的计划经济体制受到剧烈冲击，市场经济逐渐走向主导地位，中国城市原有的单位制出现解体，很多企业由于不适应市场竞争而纷纷破产或改制，大批工人下岗。而此时，很多人已经不再受制于传统的生活和工作方式，他们脱离了单位，去寻求更加广阔的发展空间。按照中国目前的实际情况，我们并不能像西方国家那样为移民提供同等的就业、就学机会和社会保障权利，因此，很多年轻父母迫于各方面的压力，如异地高额借读费、高生活成本等，选择将孩子托付给自己的父辈或其他亲属。这样便形成了父母与孩子分隔两地的局面，出现城市留守儿童这一群体。

近些年来，国家逐步出台相应的政策解决农村留守儿童问题，为他们构建良好的服务平台和体系。然而，随着城市化进程的日益加快，城市留守儿童的规模也在进一步扩大，这同样会对社会、家庭产生深刻的影响。现代城市生活空间相对封闭，城市儿童中独生子女占据绝大多数，与父母长期分离，他们无法享受完整的家庭生活，导致孤独感增强；在子女成长过程中父母的教育、指导角色缺失，孩子与祖辈一起生活，孩子更多地依赖祖辈；孩子与父母缺乏情感交流，父母虽注重满足孩子的物质生活需求，却忽视了他们的情感需求，从而和孩子产生感情隔阂，甚至出现亲子关系淡漠。

（二）研究目的与意义

1. 研究目的

处在社会化关键时期的儿童，家庭是其最温暖、最重要的成长环境。亲子关系是构成家庭关系的基本环节，同时也是儿童在成长过程中形成的第一种关系，它对个体的心理健康、人格发展及认知行为等极为重要。对留守儿童而言，父母迫于各方面的压力与其长期分离，在社会化的关键时期，他们无法享受家庭的温暖和父母的关爱，对于他们来说，家庭功能是失衡的，加上社会中各种信息的传播与扩散，如果这一时期家庭成员对孩子缺乏适当的引导，长此以往，便会导致亲子间的关系趋于淡漠，使孩子养成一些不良的行为习惯，甚至出现心理问题。而这些行为问题和心理问题的出现，又会进一步限制和谐亲子关系的形成与发展，因此需要引起社会各界的足够重视。

先前人们较多关注农村留守儿童。与城市相似，近些年来农村社区也伴随着社会转型发生了巨大变化。农村中越来越多的人迫于生活压力，放弃祖祖辈辈赖以生存的土地，外出打工谋生。他们无法将孩子带在身边，只能选择由家中的老人或其他亲戚代为抚养。对于农村留守儿童来说，他们可能面临着巨大的学习和生活压力。农村留守儿童的父母外出大多从事繁重的体力劳动，收入低，工作环境差，因此他们无法给孩子提供良好的物质上的生活、学习条件，也不能与孩子保持必要的沟通，这不仅无法满足孩子的物质需要，更限制了亲子之间的情感联系。父母更多的是向孩子传达"不能重走自己今天的老路"的观念，更倾向使用强制性的手段来教育孩子。

与农村不同的是，随着住宅大规模商品化，城市生活空间逐渐缩小，社会信任度下降，人与人之间相对隔离，儿童除了学校、家庭以外，很难再有更多的机会与外界接触。城市留守儿童中有很多是独生子女，生活在这样的环境中，孩子更需要来自父母的陪伴。而父母长期在外，尽管可能会为孩子提供优越的物质生活，弥补对孩子的照顾不周，但是缺乏与孩子的情感交流，使孩子感到孤独，缺乏安全感。有的父母与孩子沟通方式单一，在日常生活中羞于表达对孩子的关爱，孩子容易对父母产生一定的误解。有的父母与孩子沟通内容有限，只问学习和生活，容易忽视孩子其他方面的需求和感受。而与孩子朝夕相处的祖辈仅仅照顾孩子的日常生活起居，关心孩子能否吃饱穿暖，往往忽视了孩子的精神需求。也有的祖辈将孩子视为家庭的核心，在某些方面上过于溺爱、偏袒孩子，使得父母在教育孩子的过程中容易与祖辈发生观念上的冲突，同时祖辈的袒护更容易导致隔辈亲，使得亲子间的关系愈加疏远。此外，社会中各类信息传播渠道越来越多，孩子会形成自己的想法，如果父母忽视了与孩子的沟通与交流，忽视亲子关系的重要性，久而久之，孩子可能不愿意与父母交流，就很容易导致亲子关系不良，甚至出现亲子隔阂，这样会对儿童的成长产生不利影响。因而，改善不良的亲子关系，促进城市留守儿童的健康成长是迫切需要解决的问题。

本文在探讨 W 社区城市留守儿童亲子关系现状和形成原因的基础上，运用社会工作的专业理念和方法，通过设计有针对性的服务方案并实施具体介入，引导亲子间进行有效的双向沟通，促进良好亲子关系的形成，引导家庭中的亲子关系向更加和谐亲密的方向发展，从而为儿童的健康成长提供有力保障，并为进一步探讨社会工作介入此类问题的作用提供一定的支持。

2. 研究意义

（1）理论意义

目前，对于亲子关系问题的研究，学界从社会工作的视角出发展开实际操作的还比较少，相对来说，与城市留守儿童有关的研究更是缺乏。本文立足于W社区城市留守儿童的亲子关系问题，运用社会工作的专业方法介入其中，以将社会工作在介入此问题的优势展现出来，同时也可以进一步丰富该领域的研究，为今后更加深入地开展研究提供参考。

（2）现实意义

以W社区城市留守儿童的亲子关系问题为出发点，选取社区中某一具体个案，运用个案工作中的结构式家庭疗法的相关理论和技巧，帮助案主一家改变原有的对问题的看法，寻找产生问题的真正原因，引导家庭成员之间进行有效沟通，使家庭成员重视良好亲子关系对家庭生活和儿童成长的重要作用，从而改善亲子关系，并以此构建良好的家庭氛围。同时结合所在社区的具体情况，为进一步开展与城市留守儿童有关的服务提供基础。

（三）文献综述

作为中国社会转型的产物，留守儿童这一群体的出现与社会的现实状况有着密切的联系，而伴随着与其相关的问题的日益凸显，越来越多的学者从不同的角度展开了一系列研究。然而就目前的状况来看，研究的关注点主要集中于农村留守儿童，对于城市留守儿童这一群体的关注则相对较少。

通过对已掌握文献进行整理，发现现有研究主要包括以下几个方面。

1. 有关留守儿童的相关研究

（1）有关城市留守儿童的相关研究

目前国内学者对于城市留守儿童的研究还比较少，从已收集到的文献来看，学者的研究更多的是集中在这一群体的心理健康、行为表现方面。在心理健康方面，有学者认为城市留守儿童绝大多数存在较为突出的心理问题，主要表现为性格缺陷、人际交往障碍及人生观、价值观偏移等。①在行为表现方面，以往学者

① 孙小蒙，葛元骎. 城乡结合部留守儿童心理问题现状与干预策略研究[J]. 攀枝花学院学报，2013，30（5）：38-41.

研究认为，城市留守儿童因为父母关爱缺失，其必要的情感需求难以得到满足，负面情绪难以排解，因此其更有可能出现不良的行为习惯。[①]而这种长期孤独、自我封闭的状态，又会进一步导致城市留守儿童出现情感表达单向性等问题。[②]针对这一群体的心理与行为问题，有学者在分析其成因的基础上，从不同的学科视角提出了解决问题的建议，包括：运用社会工作中的个案工作法，对城市留守儿童的行为问题进行直接和间接介入[③]；从教育学角度利用博客解决城市留守儿童家庭教育中存在的问题，如心理偏差、价值观扭曲、行为习惯不良等。[④]

（2）有关留守儿童心理健康状况的研究

关于这部分研究，学者主要关注的对象是农村留守儿童，他们从不同的学科视角出发，分析了留守儿童心理健康问题的主要表现及其产生问题的原因。学者认为由于农村留守儿童长期与父母处于分离的状态，因此其祖辈或其他亲属承担主要的教养责任，而祖辈或其他亲属在日常生活中的积极、消极抚养行为将会对儿童的心理健康产生截然不同的影响。[⑤]此外，也有学者提出，由于农村家庭抚养人深受重男轻女传统观念的影响，对男孩子更为溺爱，而给予女孩子的社会支持相对较少，因此留守女童更容易出现心理问题。[⑥]在分析留守儿童心理健康问题的表现时，有一些学者发现，这一群体的心理问题主要集中在对待学习的态度、与人交往、自我感受与评价等方面[⑦]，具体表现为他们中有部分存在学习焦虑、社交与人际关系不畅、抑郁与孤独、自我评价不高、身体症状与适应不良等。[⑧]

另一部分学者认为除了上述几个方面外，农村留守的儿童心理健康问题还表现在性格柔软孤僻、情绪悲观低落以及道德意识差等[⑨]；社会适应问题也是

---

① 杜玲利，范志光，魏欣，等. 城市留守儿童攻击行为与孤独感的研究[J]. 中国健康心理学杂志，2012，20（12）：1864-1866.

② 程秀丹. 城市留守儿童的教育诉求——一项关于寄宿班生活的质化研究[D]. 长春：东北师范大学，2012.

③ 姜威. 城市留守儿童行为问题的社会个案工作法介入[J]. 青年与社会，2013，（7）：82.

④ 林琳. 利用博客解决城市留守儿童家庭教育问题的研究[D]. 长春：东北师范大学，2008.

⑤ 黄艳苹. 家庭教养方式对农村留守儿童心理健康的影响[D]. 南昌：江西师范大学，2006.

⑥ 胡昆. 留守儿童社会支持与心理健康的关系[J]. 湖南第一师范学院学报，2013，13（6）：34-37.

⑦ 杨双波，易晓岚，牟劲松，等. 某县农村中学留守青少年心理健康状况现况调查[J]. 长沙医学院学报，2014，12（2）：50-53.

⑧ 蔡重阳. 农村留守儿童心理健康问题研究[D]. 长沙：湖南师范大学，2013.

⑨ 黄业茂. 农村留守儿童心理健康与社会工作介入：基于生态理论的视角[D]. 长沙：中南大学，2013.

留守儿童目前普遍存在的心理问题之一。①

如果这些不良的心理状态得不到及时的调节，留守儿童在心理发展过程中就很容易出现心理偏激，甚至可能产生更为严重的心理疾病，这对儿童的成长将会产生极为不利的影响。②

（3）有关留守儿童学习状况的研究

留守儿童的学习状况受到多种因素的影响，其中既受客观环境的限制，又受其自身主观因素的制约。在以往有关留守儿童学习状况的研究中，有部分学者认为，一方面，父母外出打工增加了留守儿童的劳动负担，使其学习时间减少，祖辈监护人难以助力儿童的学习，而与父母的长期分离而使儿童的情感需求难以得到满足③；另一方面，农村留守儿童学习习惯较差、懒惰，学习的目的性和功利性较强等，这些主观因素也成为影响留守儿童学习，甚至使其厌学的重要因素。④

关于留守儿童的学习问题，有学者根据以往的研究结果认为其主要表现为学习态度消极、被动，学习习惯不良，课外学习无人辅导，学习成绩普遍偏低等四个方面；有的留守儿童因为长期受到生活环境的限制，会产生厌学的情绪，在学习方面主要表现为上课经常开小差、逃课或逃学，对课程、学校环境感到厌烦，经常迟到早退，对教师有负面的看法。⑤

在深入分析留守儿童学习问题的表现及成因的基础上，有学者提出应当根据地区的实际情况，采取有针对性的措施，从个人、家庭、学校、社区、社会几个层面来共同改善留守儿童学习、教育中存在的问题⑥，如加大资金及专业人员的投入，打造健康向上的校园文化氛围，设立“家长学习课堂”，成立“留守儿童幸福之家”，开展“互帮互助结对子”活动。⑦

① 李浩秋. 留守儿童心理健康问题的社会工作介入——以鹤峰县留守儿童为例[D]. 武汉：华中师范大学，2014.

② 陆尚丽. 农村留守儿童心理发展问题与对策研究[J]. 教育教学论坛，2014，（7）：114-115.

③ 张显宏，吴永霞. 农村留守儿童学习状况的实证分析[J]. 皖西学院学报，2008，24（4）：144-148.

④ 金庆良. 农村留守儿童学习中存在的问题及其对策研究——以温州市泰顺县第四中学为例[D]. 成都：四川师范大学，2011.

⑤ 张璟钰. 留守儿童厌学原因分析与社会工作介入——以保山市 P 小学为例[D]. 昆明：云南大学，2013.

⑥ 王章华，戴利朝. 社会工作在农村留守儿童教育问题中的介入模式探索[J]. 现代教育管理，2009，（7）：30-33.

⑦ 沈雪峰. 社会工作介入农村留守儿童教育参与式研究[J]. 长春师范学院学报（人文社会科学版），2014，33（1）：25-28，102.

（4）有关留守儿童与非留守儿童的比较研究

留守儿童与非留守儿童由于生活环境的不同，在日常学习、行为表现及心理健康方面表现出较大的差异性。在学习方面，农村留守儿童在学习成绩、学习习惯、学习辅导及注意力方面与非留守儿童存在差距。[①]在行为表现方面，学者通过研究发现，在2—5岁这一年龄段，农村留守儿童相比非留守儿童更容易出现行为问题[②]，其主要原因在于这部分儿童在成长过程中缺乏父母关爱、家庭环境发生变化等。在心理健康方面，由于留守儿童与父母之间缺乏必要的情感沟通，父母忙于工作往往会忽视孩子的感受，因此相比非留守儿童而言，留守儿童更容易产生孤独和寂寞感，不良情绪表现会更加突出，导致他们更容易出现心理问题。而要解决留守儿童的心理健康问题，需要从家庭、学校和社会这三个方面来寻求合理化途径。[③]

2. 有关亲子关系问题的研究

如何构建良好的亲子关系是现代家庭面临的一个十分重要的议题。近些年来，学者从不同的学科角度出发对亲子关系的相关问题进行了研究，目的是进一步探究问题的表现、产生原因及其可能造成的影响等，并在此基础上寻求解决问题的途径。

（1）有关留守儿童亲子关系的研究

在学者已有的相关研究中，留守儿童亲子关系中存在的最为突出的问题一方面是亲子间直接接触少、亲子沟通主要依靠电话、方式单一且沟通时间短、沟通内容相对匮乏、仅仅局限在学习及生活费和身体健康方面[④]；另一方面，父母忙于自身的事务而忽视了亲子关系的重要性，留守儿童过多地依赖监护人，但是监护人在促进亲子良性互动方面却难以发挥积极的作用，从而使亲子关系逐渐疏远，这种浅薄的亲子感情又会给留守儿童的社会化带来很多问题。[⑤]有

① 商姝. 农村留守儿童学习问题的调查研究及其对策——以安徽省朱桥乡中心小学为例[D]. 开封：河南大学，2013.

② 廖珠根，陈绍红，汪时华，等. 江西省农村留守儿童与非留守儿童行为问题比较研究[J]. 中国妇幼保健，2013，28（27）：4501-4503.

③ 张茜. 山东省农村留守儿童与非留守儿童心理健康及行为问题的比较研究[D]. 济南：山东大学，2013.

④ 顾军. 社会工作介入农村留守儿童亲子关系问题的研究——以宜城县A小学为例[D]. 武汉：华中师范大学，2014.

⑤ 郭秀. 社会工作介入农村留守儿童亲子关系——以监利县尺八镇冯王村为例[J]. 湖北经济学院学报（人文社会科学版），2014，11（7）：13-14.

的学者甚至还指出，由于亲子关系内容肤浅化、狭窄化，亲子关系方式简单化、粗暴化，留守儿童亲子关系角色正在朝着边缘化的态势发展。[①]

（2）有关亲子关系对儿童影响的研究

家庭是儿童社会化的重要场所，亲子关系作为家庭关系的重要组成部分，其和谐与否将会对儿童的成长产生不同程度的影响。国内有学者从教育学、社会学、心理学等学科视角出发，分析了亲子关系对儿童产生的影响。研究发现，亲子关系与儿童心理健康状况及不良行为表现都有显著的高相关[②]，其中有强硬的、专制的、有暴力倾向表现的不正常亲子关系类型，对儿童心理健康有很大的负面影响[③]，而良好的家庭关系和亲子关系有助于儿童更好地形成对事的正确认识，有助于其对消极行为、情绪形成良好的自我监控与约束，避免攻击性行为的出现。[④]

（3）有关良好亲子关系构建的研究

亲子关系的好坏在很大程度上取决于父母的教育态度。当前亲子关系中存在的问题主要是父母对孩子过分溺爱，期望值过高，过度干涉、保护，父母教育态度矛盾等，正是这些在父母看来是为孩子着想的教育方式和理念，却使孩子的自主性逐被渐剥夺，长期下去便会使孩子对父母产生抵触情绪。[⑤]因此，为了构建良好的亲子关系，部分学者提出了有针对性的建议，包括更新家长的教育观念，批判地继承和吸收传统伦理文化[⑥]；提高家长自身的心理健康水平和道德素质，重视孩子的主体性作用，注重家庭教育，扭转父亲在当前家庭教育中角色缺失的现状[⑦]；加强德育教育，遵循代际平等、公正、独立、互助的原则，构建现代和谐的亲子关系[⑧]。

（4）有关影响亲子关系因素的研究

父母与子女相互联结构成家庭，而家庭中的亲子关系在很大程度上又受

---

① 方建华. 心灵深处的刺痛——从社会学视角审视农村留守儿童的亲子关系[J]. 当代学前教育，2009（5）：4-7.

② 吴念阳，张东昀. 青少年亲子关系与心理健康的相关研究[J]. 心理科学，2004，27（4）：812-816.

③ 杨莲清. 特区中小学生亲子关系及其对心理健康的影响作用[J]. 心理发展与教育，1998，（2）：17-20.

④ 陈立民，张霞，夏荣. 青少年亲子关系与攻击性行为的关系研究[J]. 心理与行为研究，2011，9（3）：231-235.

⑤ 刘海鹰. 改善青少年亲子关系的干预研究[D]. 济南：山东师范大学，2007.

⑥ 李东. 和谐社会中亲子关系的构建[J]. 辽宁工程技术大学学报（社会科学版），2007，9（1）：10-12.

⑦ 孟育群，李强. 建设少年儿童良好亲子关系的要素[J]. 教育科学，2001，17（3）：59-61.

⑧ 周艳芳. 关于现代和谐亲子关系的伦理思考[D]. 曲阜：曲阜师范大学，2013.

到家庭成员、环境和结构的影响。有学者在其研究中认为，家庭中父母的个性、父母的心理健康状况、孩子的性别等都会成为影响家庭中亲子关系的重要因素。[①]此外，父母的受教育程度和教养方式，家庭的物质、心理环境等也会对亲子关系造成影响。[②]

3. 社会工作介入亲子关系问题的相关研究

社会工作运用专业的理论和方法，为个人、群体、社区提供科学的助人服务，协助他们解决和预防问题，并最终提升他们自主应对问题的能力。针对亲子关系问题，社会工作从自身的特点出发，在分析亲子关系问题产生原因的基础上，根据不同研究对象的特点提出解决问题的建议，从而帮助有问题的个人及家庭恢复正常的亲子关系。

从学者现有的研究来看，亲子关系问题涉及的对象主要有处在青春期的青少年，来自单亲家庭、贫困家庭的儿童，流动青少年，农村留守儿童及隔代教养家庭的儿童。在分析不同群体亲子关系问题形成原因的基础上，学者从社会工作的相关理论出发，结合专业方法提出改善亲子关系的建议。例如，针对单亲家庭的儿童，有学者从优势视角理论出发，探究产生影响的危险性和保护性因素，采用个案研究的方法对其进行介入，不断帮助案主发展正向的抗逆力，从而改善家庭中的亲子关系，恢复正常的家庭功能。[③]

在对国内外流动儿童亲子关系现状和理论进行梳理的基础上，有学者结合萨提亚家庭治疗理论和方法介入流动青少年亲子关系紧张的家庭，寻求解决流动儿童亲子关系问题的科学方法。[④]此外还有学者从结构功能理论的角度出发，以家庭系统理论和社会支持理论为依据，结合社会工作个案、小组的工作方法[⑤]，提出从家庭的角度出发帮助农村留守家庭成员重新认识自我及对

① 唐利平，风笑天. 青少年亲子关系研究现状与评价[J]. 广东青年干部学院学报，2002，（2）：24-26.

② 张青方. 青少年心理社会发展与其父母教养方式的相关研究[J]. 青年研究，1998，（5）：1-11.

③ 高原. 优势视角下单亲家庭亲子关系障碍的社会工作介入[D]. 保定：河北大学，2014.

④ 郭文汇. 个案工作介入流动青少年亲子关系的实务研究——以萨提亚家庭治疗理论为基础[D]. 兰州：兰州大学，2014.

⑤ 王练. 农村留守儿童亲子关系研究及社会工作介入——以恩施州咸丰县官坝村为例[D]. 武汉：华中农业大学，2012.

方、改善他们彼此之间的沟通状况、增进相互间的感情联系，从而建立和谐的亲子关系[①]。

通过对已掌握的文献进行梳理，学者从心理学、教育学、社会学等角度出发，对留守儿童及亲子关系问题展开相关研究，为今后更进一步的研究奠定基础。整理中发现以往研究存在一定的不足，具体如下。

1）以往研究更加关注农村留守儿童，相关研究的内容涉及农村留守儿童的心理健康、学习问题、生活状况等，但对城市留守儿童的研究还相对较少。尽管有少量针对城市留守儿童行为问题的研究，也仅以理论性探讨为主。

2）有关亲子关系的研究，涉及亲子关系对儿童的影响、亲子关系的影响因素及良好亲子关系的构建等方面。大部分研究集中于从教育学、心理学、社会学等学科视角出发，且以调查分析为主，缺少对亲子关系的干预研究。少量社会工作介入亲子关系的研究，对象主要包括农村留守儿童、流动儿童等，对于城市留守儿童的相关介入研究现阶段还比较缺乏。

3）学者运用社会工作的方法介入亲子关系的研究，主要是针对亲子关系存在的问题提出理论性的介入对策，而缺乏实际的介入过程，尤其是针对城市留守儿童的具体介入目前几乎空白。

因此，本文在对城市留守儿童亲子关系问题进行分析的基础上，借助个案工作的专业理念和方法实施具体介入，从而为探讨社会工作在解决此类问题方面所发挥的重要作用提供一定的依据。

（四）相关概念界定

1. 城市留守儿童

“留守儿童”一词最早出现在1994年。最初这一概念包括两个层面：其一，因为父母出国工作或求学而留在国内的儿童；其二，父母外出打工而滞留老家的农村儿童。近些年来，随着留守儿童队伍的逐渐扩大，学者针对这一群体开展的研究也越来越多，但是对于“留守儿童”这一概念的界定仍存在一些争议，具体包括：①关于外出父母的数量，有的研究认为父母双方中有一方外出的孩

① 刘靖. 对隔代抚养家庭儿童亲子关系的社会工作实务研究[D]. 长春：吉林大学，2014.

子就是“留守儿童”，而另一些研究认为父母双方全部在外的孩子才是“留守儿童”，也有研究认为两种情况任意一种满足就属于“留守儿童”；②关于父母外出的时间，多数研究认为以 6 个月为界限划分，另有研究认为这一时间应为 3 个月或者 1 年；③关于对留守儿童年龄的划分，有的研究未明确界定留守儿童的年龄，有的则是将其年龄限定为 16 周岁以下，还有的研究将留守儿童的年龄界定在 18 周岁以下。①

目前，针对城市留守儿童的研究为数尚少，周丹、陈燕君、邓军所定义的“城市留守儿童”，是指城市中因父母双亲或单亲外出学习进修或经营公司或仅睡觉在家相当于不在等原因，未成年孩子被留守在家，或是被寄托给亲戚、祖辈，成为有别于农村留守孩子的一个群体。②

姜威界定的“城市留守儿童”是父母一方或双方离家外出工作，儿童在家留守时间超过 6 个月，无法与父母一方或双方在一起生活的、城市家庭中 18 周岁以下的未成年人。③

吴薇、杜壹明认为，城市中由于父母双方工作或其他原因长期（一般半年以上）不能与其生活在一起的未成年人，被称为“城市留守儿童”。④

张世平给出了“城市留守儿童”的定义，其是指城市中父母双方或一方流动到其他地区，被留在户籍所在地不能与父母双方或一方生活在一起的儿童。⑤

本文主要借鉴周丹、陈燕君、邓军对“城市留守儿童”的界定，认为“城市留守儿童”主要是指户籍所在地在城市，父母中有一方或者双方因为工作或个人发展的需要长期在外，仅在家中短暂休息、停留，孩子被留守在家与祖辈一起生活，或寄托给其他亲属负责照看的、城市家庭中处于 18 周岁以下的未成年人。

2. 亲子关系

亲子关系原是遗传学术语，指亲代与子代之间的生物、血缘关系，后来才

① 王璐，李先锋. 社会转型背景下城市留守儿童与监护人代际冲突分析[J]. 农村经济与科技，2008，(1)：55-56.

② 周丹，陈燕君，邓军. 家庭教育对城市留守儿童的影响及对策探析[J]. 中小学心理健康教育，2012，(11)：21-23.

③ 姜威. 城市留守儿童行为问题的社会个案工作法介入[J]. 青年与社会，2013，（7）：82.

④ 吴薇，杜壹明. 城市留守儿童教育问题与对策探析[J]. 教育教学论坛，2013，（50）：5-6.

⑤ 张世平. 平顶山城市留守儿童心理状况的调查与分析[J]. 中小学心理健康教育，2012，（11）：19-20，23.

逐渐被心理学、教育学、社会学等学科引用。[①]有关亲子关系研究是 20 世纪末在一些欧洲国家最先兴起的，用来考察家庭中父母与子女之间的关系及家庭教育状况。"亲子关系"强调父母与孩子在情感沟通基础上的互动，这种互动不仅能使父母双方的素质得到不断提升和完善，更重要的是能促使儿童形成健康的人格。

以弗洛伊德和埃里克森为代表的精神分析学派强调，亲子关系将直接决定孩子童年生活经验的质量，影响他们成年以后的性格、人际关系、社会性行为和家庭生活。依恋理论的创始人鲍尔比同样认为，儿童与直接监护人之间的依恋关系对儿童的社会性及情感发展起着极为重要的作用，或影响儿童与其他成人、同伴的社会关系。中国青年政治学院陆士桢教授也曾指出，父母外出务工形成的子女留守状态催化或加重了有关儿童群体原先处于萌芽阶段的各种问题。[②]

通过对国内一些学者研究进行梳理发现，我国家庭亲子关系存在的主要问题包括家庭中父母权威起主导性作用，有的父母对孩子过分溺爱，有的没有能力或没有时间照顾孩子，与孩子的沟通方式不合理，父母碍于面子不懂得表达自己对孩子的关心，孩子往往会因此而不理解父母；父母单纯地以为只要为孩子提供优越的物质生活、尽可能地给他们最好的就是对孩子关爱，却忽视了孩子成长过程中的其他问题；父母不懂得与孩子沟通，教育孩子的方式存在一定的问题等。

作为家庭关系中重要的组成部分，亲子关系会对家庭生活产生重要影响。刘晓梅、李康将亲子关系界定为"以血缘和共同生活为基础的父母与子女之间相互作用所构成的、亲子双维行动体系的自然关系和社会关系的统一体"[③]。

本文将"亲子关系"定义为以血缘和共同生活为基础的父母与子女之间的关系。亲子关系是家庭系统中极为重要的一部分，家庭各成员间日常交流和互动的内容、形式、技巧等都会对亲子关系产生一定的影响。留守儿童与父母长期分离，与祖辈监护人的接触更为密切，因此父母与留守儿童、父母与祖辈监

---

① 王文婷，徐寅. 亲子关系研究综述[J]. 校园心理，2009，7（5）：331-333.

② 转引自王玉萍. 西方亲子关系对儿童发展的影响的研究及启示[J]. 教育探索，2010（3）：36-38.

③ 转引自王文婷，徐寅. 亲子关系研究综述[J]. 校园心理，2009，7（5）：331-333.

护人、留守儿童与祖辈监护人之间日常沟通的真实状况都有可能使家庭中原有的亲子关系发生改变。因此，本文划分了留守儿童与其父母之间、留守儿童与其祖辈监护人之间、父母与祖辈监护人之间的沟通互动状况这三个维度，并进一步从沟通互动的时间、方式、内容、效果等具体指标出发，来探究上述三方面对城市留守儿童家庭中的亲子关系的影响及其在现实中引发的问题，进而分析亲子关系问题产生的原因。

此外，由于环境差异，城市留守儿童相比农村留守儿童，其亲子关系问题有着自身的特殊性。首先，祖辈监护人对孩子溺爱，更容易使孩子与父母形成对抗。城市留守儿童父母因为工作原因将孩子托付给祖辈负责照看，祖辈对孩子过于溺爱，事事为孩子包办，而这很可能与孩子父母的教育理念产生冲突，习惯了受到宠爱的孩子，会因为父母较为强硬的教育方式而与父母形成对抗，甚至发生冲突。其次，城市生活空间相对封闭，父母在家庭生活中长期缺位，使孩子孤独感增加，性格孤僻。城市留守儿童大多数是家中的独子，他们没有兄弟姐妹；城市住宅商品化程度加深，社会信任度下降，孩子整天生活在一种相对封闭的空间中，祖辈监护人的思想观念与孩子存在一定的差距，因此孩子更容易产生孤独感。身边其他的同龄人可能有父母陪伴，而自己的父母却因为工作缺席家庭生活，这样很容易使孩子对父母产生抵触情绪，对父母不信任。因此，在研究城市留守儿童亲子关系问题时，应当考虑到这一群体本身的特殊性，从而找到解决问题的有效途径。

（五）研究对象与研究内容

本文立足于城市社区，以城市中的留守儿童为主要研究对象，从城市留守儿童父母、祖辈监护人、留守儿童这三者间的相互关系出发，探究这三者间的沟通互动情况对亲子关系可能造成的影响，并在诊断已有问题的基础上，分析城市留守儿童亲子关系产生问题的原因。结合社区的实际情况，本文运用结构式家庭疗法的相关理论和方法，选择某一个案实施介入，帮助案主家庭改变对问题的固有看法，重构和谐亲子关系，同时为社会工作介入此类问题提供一定的参考。

此外，城市留守儿童相比农村留守儿童而言具备独特性。城市留守儿童中独生子女占多数，他们没有兄弟姐妹，城市的生活空间又相对封闭，平时相处最多的就是自己的祖辈。在这种环境下，留守儿童不能及时得到父母的关爱，情感需求得不到满足，性格更有可能变得内向、孤僻。作为家庭的中心，祖辈对孩子过于疼爱，放任孩子生活中的一些不良行为，逐渐养成孩子任性、骄横的性格，父母如果因为孩子犯错而批评孩子，冲击到他们已经习惯了的那种应当处处受到宠爱的观念，那么孩子就会对父母产生强烈的抵触情绪，使亲子间的关系变得紧张，有的孩子甚至会做出一些过激行为。目前，各类信息传播速度快、范围广，城市留守儿童有更多的渠道接触到不良信息，从而可能出现行为偏差，甚至走向犯罪。因此，对城市留守儿童的亲子关系问题进行研究同样具有重要的意义。

（六）研究方法与理论依据

1. 研究方法

为了进一步诊断和评估城市留守儿童亲子关系问题并探究其成因，本文主要采用实地研究，并结合无结构式访谈来收集资料。采取配额抽样的方式选取访谈对象，从参加社区“留守儿童之家”的32人中选择20人，对这些留守儿童及其家长进行访谈，从多方面了解相应的情况，为研究提供宝贵的一手资料。

此外，在开始具体研究之前，笔者还查阅了大量与研究主题有关的文献资料，了解了各学科关于这一问题的研究进展，并分析和总结其中的不足之处；利用在社区实习的机会，笔者在得到社区负责人的允许的情况下，查阅了社区“留守儿童之家”内成员的个人档案，了解了他们的家庭成员组成、目前的家庭生活状况、个人学习情况等基本信息，为今后更深入地研究城市留守儿童亲子关系问题积累了丰富的资料。

2. 理论依据

20世纪60年代初，米纽秦创设了结构家庭治疗法，到70年代，这一模式已经盛极一时，成为家庭治疗领域中最具影响力的模式。

作为这一模式的主要创设者和实践者，米纽秦认为个人行为等方面的问题并非完全由个人原因造成，而是应当从个人生活的家庭结构和环境中去找寻问题产生的根源，因此，结构式家庭疗法以家庭作为治疗的单位，把改变家庭成员的交往方式作为治疗的手段与中心，通过改变家庭结构，使家庭功能得到正常的发挥。[①]它包含的基本概念和假设具体有以下几个部分。

（1）家庭系统

家庭是一个系统，由家庭成员组成。在系统中，每个家庭成员都有特定的角色与功能，他们彼此依赖、相互支持和影响，共同维护整个系统的正常运转。家庭并不是单个家庭成员的简单相加，作为整体的家庭有着超越单个家庭成员的结构，这个结构反映的是家庭成员的交往与关系，而不是单个家庭成员个体的特质。所以结构式家庭治疗法认为，单独地了解每一个家庭成员，并不能达成对家庭的了解，只有通过观察家庭成员的具体交往过程，才能真正了解家庭成员的关系与相处方法，才能从整体上把握家庭的结构。

（2）家庭结构

结构式家庭疗法用次系统、边界、角色及权力架构来具体把握家庭结构。①次系统。家庭系统作为一个整体，其中包含许多次系统，如夫妻之间的次系统、父母双方或一方与子女之间的次系统，此外还包括与其他家庭成员之间延伸出的次系统。②边界。家庭作为一个系统有其边界，同时组成家庭的各个次系统之间也有一定的边界。在正常情况下，家庭中各次系统之间的界限是清晰而有弹性的，然而如果家庭内没有形成边界或各次系统之间的边界过分僵化、缺乏弹性，正常的家庭功能就有可能受到影响。③角色。家庭中每一个成员都扮演着不同的角色，这些角色是维持家庭系统正常运转所必需的。一个正常的家庭，其成员都履行着各自的职责，并相互配合、支持。如果家庭成员出现角色不清或者角色混淆，将会对整个家庭系统产生不利的影响。④权力架构。家庭的权力架构是指家庭中由谁做决定、怎样做决定、谁处在支配地位、而谁又处于被支配地位等。适当的家庭权力架构是完成家庭不同角色及相应责任的基本前提。在现代家庭中经常可以看到全家围绕着独生子女转，祖父母袒护着孙子或孙女，而又不许父母管束，这样的家庭显然是一个权力架构混乱的家庭，对孩子成长极为不利。[②]

① 转引自许莉娅. 个案工作[M]. 北京：高等教育出版社，2004：188-189.

② 许莉娅. 个案工作[M]. 北京：高等教育出版社，2004：189-192.

运用结构式家庭疗法进行实际治疗，其过程包括三个方面，即进入、评估及介入，这三个环节是密切相连的，且每个环节都应当遵循相应的原则和目标。结构式家庭疗法的核心在于家庭整体的环境和结构，因此在进入阶段，工作者要想了解家庭的真实状况，就必须要进入现实的家庭环境中，观察家庭成员的言行和交往方式；在这一过程中，工作者还需要根据不同的情景扮演贴近者、中间者、远离者这三种角色。在评估阶段，工作者需要分析案主的家庭形态和结构、家庭系统的弹性、家庭系统的回馈、家庭生命周期及家庭成员的症状与家庭交往方式之间的关系，为进一步介入提供必要的参考。介入阶段就是具体实施治疗的阶段，这一阶段的目标则是改变家庭的看法、改变不良的家庭环境、改变家庭错误的世界观。①

二、W 社区留守儿童亲子关系问题诊断

（一）W 社区概况

天水市 W 社区是天水郡街道办事处下设的六个社区之一，辖区内有五处主要的住宅区，共有居民 2266 户、5466 人；在这五处居民区中，有三处是辖区单位的家属区，分别属于原天水市精表厂、甘肃五建集团、天水第三人民医院。近些年，由于受各方面原因的限制，原天水市精表厂破产，企业员工下岗，原厂职工迫于生活压力大部分外出打工，也有的自己在外经营生意；甘肃五建集团在进行了相应的企业改组之后，外地分公司陆续成立、国外援建项目相继开展，企业中的很多员工因为工作需要而与家人分隔两地。年轻人在外打拼，没有足够的时间和精力照顾孩子，只能将孩子留给家中的老人或由其他亲属代为看管，因此，社区中的留守儿童也随之出现。

（二）W 社区留守儿童基本情况

社区“留守儿童之家”目前接纳辖区内的留守儿童 32 名，其中男生 19 名，女生 13 名，年龄分布在 10—14 岁，并且全部都是独生子女。他们中父母双方

① 许莉娅. 个案工作[M]. 北京：高等教育出版社，2004：192-196.

在外工作、经商，由祖辈负责照料的有 14 人；父母离异，母亲（父亲）外出打工，同祖辈一起生活的有 7 人；父亲（母亲）由于工作原因常年在外地，由母亲（父亲）留在家中照顾的有 11 人。笔者采用配额抽样的方式，从这 32 名留守儿童中抽取 20 名进行访谈。在这 20 人中，男生有 12 名，女生有 8 名；父母双方在外工作的男生有 5 名，女生有 4 名；父母因为离异，其中一方外出打工的男生有 3 人，女生有 2 人；父母一方常年在外的男生有 4 名，女生有 2 名。为了能更深入地了解这些留守儿童的真实状况，笔者对他们的父母、祖辈也进行了访谈，以便收集更多有价值的资料。

（三）城市留守儿童亲子关系问题诊断

通过与父母沟通互动情况、与祖辈监护人沟通互动情况及父母与祖辈监护人沟通互动这三个方面，笔者与所抽取的 20 名城市留守儿童及其父母、祖辈监护人进行访谈。对访谈所得资料进行整理和分析后发现，由于父母与子女之间维系正常亲子关系所应当进行的沟通互动受到主客观因素的影响，彼此之间的关系逐渐疏远；祖辈监护人与孩子在生活方式、行为习惯、观念态度等方面存在较大的差距，这事实上限制了双方之间的沟通；另外，祖辈对孩子的长期溺爱和袒护可能使其与孩子父母形成对抗，从而在一定程度上对良好亲子关系的构建产生一定的负面影响。笔者选取了部分访谈记录，以说明城市留守儿童亲子关系的现状，具体如下。

1. 与父母沟通互动情况

亲子间的沟通互动是家庭生活中至关重要的一个环节，也是父母与子女之间信息交流、情感沟通、共同分享与成长的重要手段。良好的亲子沟通是维系正常亲子关系的关键，同时也会对孩子的身心成长产生极大的积极影响。然而通过访谈发现，在日常生活中，留守儿童与其父母往往聚少离多，时间上、空间上的距离使双方正常的沟通交流受到阻碍，因而使得亲子关系受到影响。

（1）沟通方式单一，内容简单化

良好的亲子沟通互动应当是父母不仅了解孩子生活上的需要，还要时刻关注孩子身心的健康发展，倾听孩子内心的声音，在与孩子沟通互动的过程中，相互分享，陪伴孩子一同成长。但是对于城市留守儿童来说，父母为了给孩子更加优越的物质生活而长期在外打拼，与孩子分隔两地；或是牺牲自己与孩子相处的时间，全身心投入到工作中，把孩子交给祖辈照管。通过访谈笔者了解到，在日常沟通中，这些父母通常只问孩子的学习和生活，忽视孩子的心理和情感需要，沟通内容简单化；面对面的、深入的沟通互动较少，以电话、视频通话居多，沟通方式较为单一。

> “我爸妈一直在外面做生意，他们白天都在外边忙，有的时候晚上都不回来。回家以后就问我作业写完了没，今天吃了什么饭，然后叫我写完就早点睡觉去；有的时候他们回来我都已经睡着了。”（留守儿童小 Z）
>
> “我爸妈分开以后，我就一直跟着妈妈在姥姥家住。我妈妈平时挺忙的，经常到外面出差，有空的时候就给我打电话或者打开电脑看看我，问我学习怎么样，有没有生病，天冷了自己要多加衣服，让我在家要听话，不要惹姥姥生气。”（留守儿童小 W）
>
> “爸妈每次打电话都是问一样的问题，有没有考试，考了多少分，一定要好好学习，不要像他们一样现在整天在外边跑；要吃啥就让爷爷奶奶给做，吃饱穿暖，不要生病。”（留守儿童小 L）
>
> “我们两个大部分时间在外面忙自己的，孩子一直是他爷爷奶奶帮忙照顾。现在都是一个孩子，老人惯得不行，他又贪玩，我就害怕我们不在两个老人管不住他，他不好好学习；而且老人现在也上年纪了，也担心他们老小平时的生活，所以每次打电话都问他们最近好不，三个人有没有生病。”（留守儿童家长 H）
>
> “我们家的（指孩子的父亲）在外面给人家跑长途，一出去就得十几天，他也不怎么给家打电话。一打电话就问他儿子的学习怎么样，考试考了多少分，在学校老不老实这些。”（留守儿童家长 M）

由上可以看出，父母与孩子沟通的内容主要集中在孩子的学习成绩、日常生活、身体健康状况方面，很少关注孩子的心理健康、人际交往、情绪感受、兴趣爱好等。父母因为工作关系经常在外，因此更加倾向于通过打电话这种方式来表达对孩子的关注，面对面的亲子沟通方式逐渐被取代。

（2）沟通相对频繁，深层次沟通缺乏

访谈发现，有的父母会与孩子保持经常性的沟通和交流，无论在生活、学习还是思想方面，都能够及时了解他们的需求和动态，使处于成长期的儿童感受到父母对自己的关爱，这对于形成良好的亲子关系和家庭生活氛围有重要的意义。

“每天我没事儿的时候都上上网，现在网络也挺方便的，用手机就能视频了，隔两三天就给家里打个电话。通话的时间也不长，一次也就是几分钟、十几分钟，看看老人和孩子，问问他们好着呢没；他爸爸打电话多一点，有时候我视频他在旁边看两眼，有啥话就让我跟家里说了。”（留守儿童家长C）

“我爸妈给我买了个手机，说联系方便。他们晚上经常打电话，一周能打好几次，问我学习，问我在家听不听话，我妈还总是问我想她不，我不想说，说几句就把电话给我爷我奶，他们说家里都挺好的，让我爸妈放心，然后就把电话挂了。”（留守儿童小F）

“孩子他妈妈隔三差五就给家里来电话，问她姑娘在学校干了些啥，作业写完了没，吃得咋样，天冷了上学多穿一点，不要冻感冒了。然后问问我身体怎么样，钱要是不够了她就给打点儿，每次电话也就十来分钟。”（留守儿童祖辈监护人B）

“我们这个孩子平时话不多，她爸她妈每周末打电话回来都是我先接上，也说不了几分钟。我说完以后把电话给她，说不上几句就不说了，她自己考试考不好了也不让我跟她爸妈说，可能嫌他们唠叨。”（留守儿童祖辈监护人D）

通过以上资料可以看出，这些儿童的父母虽然出门在外，但还是会主动地与家中的孩子进行沟通，且相对频繁；沟通时间不算长，聊天的内容也多以学习、生活为主，亲子间缺乏更深层次的交流。

（3）沟通过程中孩子较为被动

亲子关系是一个双向的沟通互动过程。通常情况下，孩子将自己的想法或困惑表达出来，父母在了解孩子内心真实想法的基础上，为孩子提供相应的帮助和建议。父母应主动与孩子沟通交流，在这一过程中反思自身在家庭教育方面的不足。

> “每次打电话都是我在这边问，她在那边答，我问什么她就回答什么，多余的话也不多说，有时候问多了她还嫌我烦，所以我也不多问。吃好饭，别生病，好好学习就行了。”（留守儿童家长L）
>
> “我爸妈每次晚上一回来就问我今天作业多不多，写完了没；我在屋子里面写作业的时候，他们要么在外面看电视，要么上网，有的时候我妈进我屋让我写会儿就站起来活动活动、喝点水；有时候我作业还没写完他们就去睡觉了，还让我写完也早点儿睡。每次都是一样的，别的也不问，我也不想跟他们说。”（留守儿童小G）
>
> “他学习上的事情我们也辅导不了，每次打电话问他最近学习怎么样，他就说好着呢，考试好了我们问就说，考得不好就说成绩没出来，学校的家长会多一半是他爷爷奶奶去给开的。学校要钱了就给我们打电话，没事儿从来不打。”（留守儿童家长S）
>
> “每次打电话都问我那几样，吃的啥，干什么呢，钱够花不，不够的话他们把钱打过来，让爷爷奶奶给买。反正其他的他们也不怎么问，我说了也没用，还不如不说呢。”（留守儿童小N）

从上述的访谈资料中可以看出，在与孩子的沟通过程中，父母始终主导话语权，孩子则处在一种相对被动的地位。因为受到时间和空间的限制，父母往往希望在整个对话过程中尽可能地了解到自己认为重要的信息，这种互动模式长期下来，使孩子逐渐产生对父母的疏离感，因此在互动过程中孩子不愿主动向父母表达自己的真实想法和感受。

（4）亲子沟通效果不明显

> “我妈只要一打电话就让我在家乖一点儿，好好学习，每天写完作业以后把当天学的东西再看看，不要成天就知道玩儿；考试考不好了，她就要说我半天，还说放假要找老师给我补课，太麻烦了。我刚

开始的时候还听，后来觉得反正他们也不在，我干什么他们也不知道。”（留守儿童小F）

“我们隔段时间就要到外面进货，也顾不上管他，平时晚上回家也晚，一进门就先看看他在屋里干吗，问他作业都写完了没，有没有不会的，写完了多看看书。他写作业的时候老是干别的，作业磨蹭到晚上很晚才能写完，跟他说过好多次，让他写作业的时候就好好写，写完了再玩，好话说尽就是不听，看着他趴在那儿，不知道脑子里想什么呢。说多了还不愿意，管不了。”（留守儿童家长Z）

“他们不经常回来，回来也在家待不了几天，就收拾收拾家里，做做饭啥的，然后有的时候下午或者晚上还要出去。回来就问问我作业，在家乖不乖，也不带我出去玩，我觉得不开心。”（留守儿童小N）

“我孩子以前在外面碰见生人不太爱说话。我们经常在外面跑也顾不上她，反正就是我们回来待的时间也不长，她也是不太主动跟我们说一些她自己的事儿，都是我们问才说。”（留守儿童小Y家长）

通过访谈了解到，这些城市留守儿童与父母共同相处时间少，父母为了生活、工作，在一定程度上忽视了子女的真实感受，彼此间缺乏深层次的沟通，沟通效果不佳；孩子对父母有一定的逆反心理，亲子关系疏远，感情较为淡漠。

良好的亲子沟通是构建和谐亲子关系的必要条件，而这不仅仅需要时间上的投入，更重要的是让孩子在与父母沟通交流的过程中真正感受到自己生活的各个方面都被关注和关爱。笔者从沟通的形式、内容、时间及沟通效果等方面对城市留守儿童与其父母沟通互动的情况进行了探究，通过访谈了解到，这些城市留守儿童的父母几乎都希望为孩子提供更加优越的物质生活，尽可能多地满足他们的生活需求，因此他们长时间将生活的重心放在事业、工作而不是生活上，而忽视了与孩子沟通的重要性。父母仅仅关注孩子的日常生活、学习成绩、身体状况，沟通内容单一，无没有真正理解孩子的内心世界；以电话为主的沟通方式缺乏及时有效性，忽视了在真实情境中面对面沟通的重要性。家庭中父母抚育责任缺失，长期以来孩子的情感需求得不到满足，因而在与父母沟通的过程中表现出一定的被动性，甚至对父母产生抵触情绪。

2. 与祖辈监护人沟通互动情况

在现代城市社区，家庭核心化的趋势越来越明显，年轻父母与其子女构成的家庭模式成为主流，伴随着孩子的成长，他们与祖辈亲密接触、共同生活的时间和机会也越来越少。城市留守儿童父母因为各种原因，没有足够的时间和精力照顾孩子，孩子的祖辈承担了主要的教养责任。儿童在成长过程中往往要比成年人接受更多的新事物，老年人的观念又相对比较传统，因此在生活中儿童与祖辈之间存在一定的隔阂。一方面，孩子可能不愿意过多地向祖辈吐露心声，祖辈也就无法得知孩子内心的真实状况；另一方面，祖辈更多地关注孩子的物质生活，溺爱孩子，袒护孩子，这难免会和孩子父母的教育理念产生冲突，对于习惯了倍受呵护的城市儿童而言，他们可能会抵触父母批判式甚至更为强硬的教育方式，而倾向与祖辈亲近，这在很大程度上会影响父母与子女之间的关系。

（1）祖孙间缺乏有效的面对面沟通

“我跟爷爷奶奶他们说啥他们也不明白，整天就问我作业写完了没，想吃点啥，我出去在院子里玩一会儿他们就到处叫我让我赶快回来，啥都不让干，太没意思了。”（留守儿童小 K）

“他小的时候还乖，现在一点儿不听话，说啥也不听，脾气大得很，说多了就急眼儿。平时他要吃啥我们就给买，有时候给他点零钱，想着他爸他妈把孩子交给我们别给人家亏了。”（留守儿童祖辈监护人 K）

“她放学回来就钻到自己的屋里，能看见书掏出来了，也不知道是不是学习呢，现在啥也不跟我们说，我们问啥她就答啥，不问也不说，问多了嫌烦。就爱玩电脑，玩就玩吧，反正家里面的活儿也不用她干。”（留守儿童祖辈监护人 B）

“我姥姥喜欢打牌，下午没事儿睡一觉起来就出去了，下午五六点才回来，我放假在家的时候就一个人，我就看电视，要么就出去玩一会儿。”（留守儿童小 W）

> “我感觉跟我爷爷奶奶没啥话说，我说的他们都不懂，他们让我教他们用电脑，他们也学不会，还总是问我，有时候真麻烦。”（留守儿童小 N）

从上面的这些资料中可以看出，祖辈对于城市留守儿童的关注主要集中在孩子的生活与学习方面，不了解孩子内心的真实需要，孩子觉得和祖辈的日常沟通和交往存在差距。也就是说，彼此间缺乏有效的面对面沟通，有时甚至适得其反，父母也无从了解孩子的真实状况，这在一定程度上限制了亲子间的沟通。

（2）祖孙间亲密程度相比父母较高

> “他平时爱买个这买个那的，没钱了就跟我们要，他爸妈嫌他小小年纪就那么能花钱，有时候也不让我们给太多。你说现在谁家都这么一个宝贝，正长身体呢，花点就花点吧，所以他现在有啥就跟我们要，他爸他妈说他，有时候他还顶两句，不让他们管呗。”（留守儿童祖辈监护人 Z）
>
> “我们这个娃现在跟他爷他奶还亲，没事跟上他爷爷就到外面下棋去了，给他爷爷把凳子提上，跟我们就不行，我们让干个啥就不愿意。”（留守儿童家长 A）
>
> “我妈在外边干活，平时也顾不上管我，我一直跟我姥姥姥爷住一块儿，他们给我洗衣服、做饭、给我买这买那的，我长大了也要照顾他们。”（留守儿童小 H）
>
> “我爸我妈就知道护着他们孙子，啥都不让干，一说就是还早着呢，以后慢慢来。我们这个孩子也是，跟我们一生气就跑到他爷爷奶奶那儿告状去了。”（留守儿童家长 J）

通过访谈发现，这些城市留守儿童与其祖辈之间的关系因为长期生活在一起而变得亲密，相反父母由于在外忙工作，没有时间照顾孩子，不能真正了解他们的感受，所以孩子与父母之间的关系渐渐变得疏远，长此以往会形成祖孙与孩子父母对抗的局面。

3. 留守儿童父母与祖辈监护人之间的沟通互动

“她妈一出去就特别长时间，平时过节也回不来。你说现在孩子上学啥的好多地方都要花钱，不出去咋办呀？一打电话就问我们身体怎么样，孩子好不好，在家听不听话，我们有啥事儿能不说就不说了，她一个人在外面也挺不容易的。”（留守儿童祖辈监护人B）

“儿子儿媳妇打电话回来问得最多的就是他们儿子在家好不好，最近考试了没，考了多少分，让我们注意身体，有啥需要的就打电话。没什么重要的事情我们也不怎么跟他们说，一说了他妈又要折腾着回来，来来去去的怪麻烦。”（留守儿童祖辈监护人N）

“我们平时也不怎么给她爸妈打电话，都是他们打过来，问我们家里怎么样，孩子怎么样，我们就说挺好的，省得他们操心。”（留守儿童祖辈监护人Y）

“他爸脾气不好，孩子犯错了就要批评、教训他，把孩子管得太严了，打电话我们一般不说孩子的表现，要不我孙子又要挨骂。”（留守儿童祖辈监护人K）

上述访谈资料表明，这些留守儿童的祖辈监护人有的是因为担心孩子的父母知道孩子真实状况以后工作会分心，出于体谅他们所以选择隐瞒部分事实；有的是担心孩子会因为犯错受到批评，所以在电话沟通的过程中替孩子隐瞒。事实上这样的做法会在一定程度上限制父母与孩子之间的沟通，父母无法了解孩子的真实状况，所以很难在第一时间给予孩子鼓励和支持，从孩子的角度来说，就会逐渐产生“爸爸妈妈不够关心我”的想法，使亲子关系逐渐疏远。

（四）城市留守儿童亲子关系疏远的原因分析

1. 父母教养责任缺失导致家庭功能失衡

家庭是社会的重要组成部分，一般来说，正常的家庭是一个功能完备的系统，家庭中的成员扮演着各自的角色，发挥各自的功能，相互依赖协调，共同配合，共同维护整个家庭系统的稳定和正常运转，彼此间最初开始形成的相互关系也是难以被替代的。另外，对个体而言，其有从家庭中获得物质、情感、心理满足的需要，而良好的家庭氛围和结构能够最大限度地满足家庭成员的需要。

费孝通先生在《乡土中国·生育制度》中提到："社会结构中真正的三角是由共同情操所结合的儿女和他们的父母。婚姻的意义就在建立这社会结构中的基本三角。夫妇不只是男女间的两性关系，而且还是共同向儿女负责的合作关系。在这个婚姻的契约中同时缔结了两种相连的社会关系——夫妇和亲子，这两种关系不能分别独立，夫妇关系以亲子关系为前提，亲子关系也以夫妇关系为必要条件，这是三角形的三边，不能短缺的。"①可见，在正常的家庭系统中，亲子关系作为维系家庭稳定的一个方面，其作用是极为重要的。

但是对于留守儿童而言，其父母在家庭中应当扮演的角色缺失，祖辈在儿童成长的关键时期承担了过多的抚育责任，父母与孩子缺乏必要的接触、互动，从而影响家庭中各项功能的发挥。

（1）家庭难以满足孩子情感的需求

家庭是孩子获得情感满足的重要场所。城市留守儿童中大部分是独生子女，且他们的生活空间相对封闭，因此更加需要父母的关心和陪伴。而父母忙于工作，将大部分时间、经历都投入工作，对孩子的关心仅仅停留在生活和学习上，认为只要给孩子优越的物质生活、最大限度地满足他们的物质需求就是在关心孩子；在生活中，父母缺乏与孩子面对面的直接沟通，忽视了孩子内心的真实需要，孩子可能在最需要父母帮助和关怀的时候却无从倾诉，因此对于父母的不信任感和陌生感逐渐产生，导致亲子间的感情出现隔阂。

（2）现有家庭教育难以发挥真正的作用

孩子在成长过程中不仅仅需要学习文化知识，更需要学习其他方面的知识和技能，而这在很大程度上要依靠家庭。父母是孩子最好的老师，在家庭教育中扮演着重要的角色。而对于城市留守儿童而言，在学习上，尽管父母对他们寄予很高的期望，关心他们的学习状况，但是当孩子在学习中遇到问题或取得成绩时，父母却不能第一时间为他们提供帮助和认可。这在很大程度上会使孩子产生失落感，打击他们的学习热情和积极性。在行为处事方面，父母在家庭

① 费孝通. 生育制度[M]. 北京：商务印书馆，2015：206-207.

中扮演的教养角色逐渐被祖辈取代，这种隔代教养的家庭模式使祖辈对孩子过分疼爱，事事为孩子包办，孩子缺乏独立意识、生活自理能力差、任性娇惯，不懂得如何正确与他人接触，缺乏责任意识。另外，父母忽视心理健康对孩子成长的重要性，孩子情感难以得到满足，不良情绪难以宣泄，更容易出现冷漠、孤僻、叛逆等性格缺陷。

2. 缺乏沟通技巧导致亲子关系淡漠

家庭是儿童社会化的初级场所，也是儿童成长过程中至关重要的组成部分。对城市留守儿童来说，一方面，其父母由于工作原因，无法与他们进行经常性的、深入的面对面沟通，从而忽视了他们的真实需要；另一方面，受传统观念的影响，其父母往往倾向于以一种较为含蓄的表达方式表达对他们的关爱，较少会直接通过言语来表达，大多数情况下单纯从物质方面补偿对他们生活照顾的不周。对城市留守儿童来说，受到客观环境的限制，他们与外界接触、与他人互动的时间和空间相对较小。他们中很多是独生子女，并且正处在早期社会化阶段，最需要的是父母的教育和关爱，如果亲子间沟通互动缺乏，他们与父母之间的亲密度会逐渐降低。

由于城市留守儿童与父母缺乏适当的沟通，父母在家庭教育中的角色缺失，城市留守儿童会对父母产生不信任感，与父母疏离。伴随着这种家庭关系的持续，儿童与父母沟通的主动性会逐渐缺乏，往往是父母问什么孩子就回答什么。一些父母长期忙于工作，在日常生活中只关心孩子的成果而忽视过程，过于主导孩子的生活，在双方的沟通中掌握话语权，往往以自己的心理感受和需要来评估孩子的需要，将自己的意愿强加在孩子的身上。例如，在访谈中，有的父母以因孩子学习成绩下降，便会为孩子联系假期辅导班，担心孩子没有特长以后会吃亏而报名各种各样的兴趣培训班，这些都是父母主导的，因此孩子会排斥父母，对父母的决定产生抵触情绪。

3. 祖辈监护人在亲子沟通中难以起到积极作用

父母忙于工作和事业，抚育儿童的重任转移到祖辈肩上，因此在城市留守儿童的日常生活中，与其接触最多的就是他们的祖辈。由于和孩子相比，老年人的生活经历和生活环境存在巨大差异，他们与孩子在很多问题上的看法和做法截然不同，这会对祖孙间的日常沟通产生一定的影响。

城市留守儿童中有很多是独生子女，这些孩子被看作“掌上明珠”。在一些家庭中，孩子父母不在身边，祖辈想让孩子得到更好的照顾，生活中会事事都为孩子包办，对孩子过度溺爱，放纵孩子生活中的一些不良行为习惯，使孩子逐渐养成骄横、任性的性格，遇到问题总是采取撒娇、发脾气的方式来使祖辈妥协，因而在祖辈与留守儿童的沟通过程中，孩子处于主导性地位。由于祖辈过分宠爱，孩子有任何要求都可能从祖辈那里得到满足。而父母对孩子的要求则相对严格，祖辈与孩子父母在家庭教育方面存在一定的分歧或冲突，祖辈在与孩子父母沟通的过程中很可能隐瞒孩子的一些真实状况，可能还会在孩子父母教育孩子的过程中袒护孩子，认为孩子还小，没有必要对他们要求太多。在访谈过程中，有部分留守儿童的祖辈担心孩子犯错会受到父母的严厉批评或惩罚，所以当父母问及孩子的表现时，祖辈或多或少有所隐瞒，向孩子父母反馈一切都好，嘱咐他们不要担心等；对于孩子进行教育时也往往只是说说而已，无关痛痒。对于孩子来说，他们还没有真正形成正确辨别事物的能力，加之长期缺乏父母的关爱，因而更有可能疏远父母，出现“隔代亲”。

三、个案工作介入城市留守儿童亲子关系问题的必要性与可能性

（一）个案工作介入的必要性

个案工作是指专业的社会工作者在遵循基本价值理念的基础上，运用专业的知识和技巧，以个别化的方式为那些存在困难的个人或家庭提供物质、心理方面的支持，帮助他们解决问题、克服困难、提高解决问题的能力，从而提高个人和社会的福利水平。[①]

亲子关系是家庭关系中极为重要的一部分，父母能否与子女和谐相处、良好沟通、耐心交流，对孩子的成长会产生重要的影响。城市留守儿童生活空间

① 许莉娅. 个案工作[M]. 北京：高等教育出版社，2004：4.

和生活环境都相对封闭，父母因为各种原因的限制不能给予孩子及时的帮助和支持，因而使得亲子关系疏远，父母与孩子之间的感情逐渐趋于淡漠。笔者在访谈的过程中也了解到，因为父母不经常在身边，有些孩子不愿同父母进行过多的交流，对父母生活上的关心存在抵触情绪，还有的会和父母形成对抗，甚至出现过激行为。孩子在本应该依赖父母的年龄却和父母疏远，父母想要急切扭转彼此间这种渐渐陌生的状态却缺乏适当的渠道和方式，因此，城市留守儿童亲子关系问题日益凸显，这也是家长目前十分关心的话题。

亲子关系问题的产生与家庭的环境、结构及家庭成员看待问题、解决问题的方式有较为密切的联系，而每个家庭又都具有各自的特点，因此需要社会工作者根据家庭的实际情况来制定有针对性的介入计划，以此来达到改善亲子关系的目的。

个案工作正是运用专业理论来深入分析家庭的实际情况，根据家庭成员的特征和需求来制定相应的目标和介入计划，并具体实施介入，从而引导家庭成员真正认识问题、寻找解决问题的新途径。在这一过程中，工作者及时评估成员的表现，根据每一阶段介入所取得的成效以及可能存在的问题，对下一阶段的工作进行更为细致的安排与调整。因而，通过个案工作，工作者能够更加直观和清晰地了解整个家庭的情况，帮助他们解决遇到的问题，摆脱困境，促进家庭成员的改变，在解决城市留守儿童亲子关系问题时，个案工作具备一定的优势。

（二）个案工作介入的可能性

第一，个案工作本身所具备的优势性。个案工作尊重个人或家庭的特殊性，它以专业的理论和方法为基础，帮助存在困难的个人或家庭解决现有的问题，因此在改善城市留守儿童亲子关系问题时能够结合案主及其家庭的实际状况寻找到恰当的切入点，从而制定有针对性的计划来促成问题的解决。

第二，现实性的需要。孩子是家庭的未来，留守儿童亲子关系问题伴随社会现实而产生，其关乎儿童的健康成长，因而逐渐成为人们所关心的热门话题。笔者在 W 社区实习期间接触到了“留守儿童之家”的部分儿童及其家长，在与他们的深度访谈过程中，笔者了解到一些儿童的父母及祖辈监护人对于孩子现在的变化和日常生活中的一些表现感到十分的无奈，因为彼此间缺乏有效的沟通，家长不了解孩子的真正需要，而长期以来形成的被动式交往使孩子渐渐开始封闭自我，与父母的关系越来越疏远。家长希望寻求解决亲子关系问题的适当渠道，使家庭能够恢复以往的欢乐气氛，这便为个案工作介入提供了一定的基础。

第三，社区为个案工作介入提供平台。社区工作者能够为居民提供必要的支持，帮助居民及时掌握重要的信息，解决居民遇到的实际困难。在开始访谈之前，笔者从社区工作人员那里了解到了许多有价值的信息，在社区负责人的帮助之下，笔者进行了一次居民动员，希望能够让居民了解社会工作及此次研究的目的与意义，寻求他们的配合。

四、个案工作方法对城市留守儿童亲子关系问题的具体介入

（一）介入前期

1. 个案服务对象确定

2013年9月，“陇家福·幸福寓所”在天水市W社区挂牌成立。寓所内设立的“留守儿童之家”截至研究开展时已为辖区的32名留守儿童建立了信息档案，旨在为这些城市留守儿童提供更加健康、有益的课余生活空间。在社区实习期间，笔者有机会进入“留守儿童之家”，与社区专干一起定期为这些儿童提供服务，在日常活动过程中观察他们的表现，与他们进行沟通，同时结合这些儿童的个人档案，了解他们的基本情况，确定访谈的对象。在社区工作人员的帮助下，笔者同确定为访谈对象的留守儿童及其家属进行了沟通，表明自己的研究意图，寻求他们的配合，并开始着手进行访谈。

在这些留守儿童中，有一名儿童名叫小K，在正式访谈开始之前笔者就同他的祖辈有过接触，他们将孩子送到“留守儿童之家”，希望工作人员能够好好看管他，让他认真写作业，在前期访谈时笔者也将小K和他的家人确定为访谈对象，希望从他们那里获得有价值的信息。小K平时写作业的时候不像其余孩子那样认真，总是心不在焉，写不了多久就开始东张西望、捣乱；他虽然不太爱说话，却是最顽皮的，休息时总是会做出一些比较危险的动作来引起周围

人的注意。因此，经过同小 K 的监护人协商，笔者决定对其开展个案工作。

2. 个案概况

小 K 今年 11 岁，小学五年级。从 4 岁开始，父母就在外面做生意，把小 K 送到全托幼儿园，父母只有周六周日才能抽空回家，有时候忙可能好几个星期都不回来；上小学以后他们干脆把小 K 的爷爷奶奶接来，由他们照顾小 K 的生活起居。小 K 的爷爷奶奶今年已经六十多岁了，因为小 K 的父亲也是家里的独子，所以他们对小 K 十分娇惯，小 K 有任何需求他们都会尽可能满足，事事为小 K 包办；小 K 平时犯错误他们也舍不得严厉批评，忽视孩子生活中的一些不良行为，因此小 K 逐渐养成了任性、骄横的性格。小 K 主要通过电话与父母沟通，父母平时最关心的就是小 K 的学习和生活情况，但每次都是父母问什么他答什么，父母不问的他不会主动说，回答父母问题时总是心不在焉，问多了会不耐烦，不高兴的时候连父母的电话也不肯接。小 K 犯了错，爷爷奶奶担心小会受到惩罚，因此也不会向小 K 的父母反映；父母回家以后小 K 不会表现得很兴奋，反而会和父母有一些疏远。现在小 K 特别淘气，爷爷奶奶说什么他都不听，不好好学习，每天大部分时间在玩，不是玩电脑游戏，就是一个人在外面玩；小 K 性格比较内向，从不会主动和身边人交流，不管是在学校还是在家里，没有人找他玩他便一个人待着。小 K 每次在外面玩的时候都会搞破坏，邻居发现以后已经批评过很多次，但是他根本不听。因为贪玩，小 K 的成绩一直处在班级下游，考试成绩不理想，父母会因此批评他。爷爷奶奶感觉小 K 现在总是发脾气，变得越来越难管了。

3. 介入框架

家庭对每一个成员都是极为重要的，家庭环境、成员间的沟通方式对于成长期的儿童会产生至关重要的影响。个案工作以个人或家庭为介入对象，运用专业的理论与方法，以个别化的方式为存在困难的个人或家庭提供物质和心理方面的支持与服务，以帮助个人或家庭减轻压力、解决问题、挖掘生命潜能，提升个人或家庭的福祉。本文结合结构式家庭疗法的相关理论与技巧，从家庭各子系统间沟通互动的真实状况入手，以具体的介入来增进成员之间的相互交流，改善不良的亲子关系，重构和谐的家庭环境。

结构式家庭疗法的过程主要包括进入、评估及介入这三个方面，三个方面不是相互分离、截然不同的，而且有一个大致的先后顺序。在实际的治疗过程中，有时可能需要同时处理这三方面的任务。①结合案主及其家庭的具体情况，根据结构式家庭疗法的具体过程，笔者制定了此次服务的基本介入框架。

（1）进入案主家庭

在已经进行的访谈的基础上，进一步向小K及其父母、祖辈监护人阐明个案工作对家庭的重要意义，寻求家庭成员的配合。

（2）评估案主现有家庭关系中存在的问题

评估是个案工作中极为重要的一个环节，它应当贯穿整个介入过程的始终，并指导具体介入方案的实施。结构式家庭疗法根据其理论基础提出了评估的基本框架，包括家庭的形态和结构、家庭系统的弹性、家庭系统的回馈、家庭生命周期及家庭成员的症状与家庭交往方式之间的关系。②

（3）实施介入

在深入分析已有问题的基础上实施具体的介入，目的是帮助案主家庭成员真正认识到现有家庭环境中存在的问题，改变他们看待问题、解决问题的不良方式，重构和谐有序的亲子关系。

（4）结案与跟进

根据介入目标的实施和完成情况，在为家庭成员解决亲子关系问题、建立和谐有序家庭关系的基础上进行结案。在结案后对案主家庭进行回访，巩固介入取得的效果。

4. 介入方案

结合结构式家庭疗法的过程框架，在前期访谈收集到的资料的基础上，笔者针对个案的具体情况制订介入方案，主要是为了对目前家庭中存在的问题进行诊断，在此基础上采取相应的措施，从各家庭次系统的角度出发来重构亲子关系。笔者初步计划实施五次介入，以达到预定的目标。

---

① 许莉娅. 个案工作[M]. 北京：高等教育出版社，2004：192.

② 许莉娅. 个案工作[M]. 北京：高等教育出版社，2004：193.

（1）家庭问题诊断

诊断是整个介入过程的一个重要组成部分，它应当始终贯穿介入过程的始终，需要工作者对案主的家庭不断进行动态评估。诊断的目的是收集更多有价值的信息，为接下来的介入提供依据。

第一次介入，笔者进入小 K 的家庭，观察家庭成员的交往方式，从小 K 父母那里得到较多信息，并结合之前从小 K 祖辈那里收集到的信息，从家庭的形态和结构、家庭系统的弹性和回馈、家庭的生命周期及家庭成员的症状与家庭交往方式之间的关系这几方面对家庭问题进行诊断。

（2）亲子关系重构

之后的四次介入计划，主要目标是要帮助家庭恢复正常的亲子关系，改变目前不良的家庭环境，其中涉及整个介入过程中父母与子女及祖辈的改变，让他们重新认识产生问题的原因，强化彼此间的联系，共同为改善亲子关系做出努力。

5.工作协议签订

工作协议签订指工作者与服务对象之间就服务目标达成而签订工作协议。对工作者和服务对象来说，工作协议的签订有助于双方在整个服务过程中明确各自的责任，从而提升服务的质量和效果。

笔者："在之前的访谈中我了解到小 K 学习、生活中的一些情况。作为家长，您肯定也希望孩子能够健康成长，所以我希望大家能够一起努力，为孩子成长提供一些帮助。不知道大家是否愿意配合我的工作？"

小 K 父亲："我们愿意，只要是对我们孩子有好处，我们肯定全力支持。"

笔者："好的，谢谢您的理解。在今后的服务过程中，我会指导大家，最终的目的是让家中的每个人以后都能够用比较积极的方式来对待问题。如果在接下来的工作中我采取的一些方式或做法大家有什么不同的意见，或者有更好的建议，也希望你们能够及时告诉我。"

小 K 父亲："我们其实也不太懂（怎么和孩子沟通），这次刚好学习一下，你就按照你的来（做）。"

笔者："感谢您的信任，您现在对我们接下来将要开展的工作还有什么疑问吗？"

小 K 父亲："没有。"

笔者："好，为了让整个服务进行得更顺利，我们一起来签订一个工作协议可以吗？"

小 K 父亲："可以。"

笔者："我计划进行五次介入，时间定在每周五的晚上，到时候我会来您家，整个过程都需要大家的共同参与，可能耽误您和家人的一些时间，但是我知道大家都是为了孩子，所以还是希望大家能积极配合我。您整个家庭的信息我都会严格保密，如果对我的方案或者做法不满意，您可以终止服务。但我希望整个服务能够愉快开展，圆满结束。"

小 K 父亲："行。"（签字）

（二）个案工作实施

1. 第一次介入：问题诊断

（1）介入过程

时间：2014 年 11 月 14 日 20:00—21:30

地点：小 K 家

笔者在进入案主家庭开展具体服务前，对案主小 K 及其祖父母进行了较为深入的访谈，因其父母工作的原因，笔者未从他们那里获得足够详细的家庭信息。因此，介入开始后的第一次会谈，笔者主要针对小 K 的父母，结合前期访谈从其他成员那里收集到的资料，对家庭中存在的问题进行进一步诊断。

来到小 K 家时，小 K 父母、爷爷奶奶都在家。为了第一次会谈，他们早早就吃完了晚饭，收拾好房间。小 K 一家人都很热情，我一进门，他们就赶忙请我坐下，为我倒水。小 K 见到我还是很羞涩，打过招呼之后就坐到里面的卧室去玩电脑了。

寒暄以后，我们正式开始了第一次会谈。以下是笔者与小 K 父母的部分会谈记录。

小 K 父亲："我跟他妈结婚以后，单位效益也不太好，想着孩子以后花钱的地方更多，所以他上幼儿园的时候我们就把他交给我爸妈了。我爸妈年纪大了，身体也不太好，所以干脆就给他报了个全托的幼儿园，这样也方便。"

小 K 母亲："我们平时忙得很，也没时间管他，他就一直在他爷爷奶奶这边住，我们回不来了就给他打个电话，以前给他打电话他还挺高兴的，问我们什么时候回来，现在打电话我们问得多了他就嫌我们麻烦，说一说就不愿意了。"

小 K 父亲："就是，现在一点儿不听话，本来眼睛就不好，一直戴着眼镜矫正呢，还整天趴在电脑跟前，咋说都不听。期中考了个班上的二十几名，还不知道着急呢。"

（说着，小 K 父亲朝屋里喊了一声，语气比较严厉，命令小 K 赶快关掉电脑写作业；小 K 母亲用胳膊肘捅了丈夫一下，示意其不要太凶。小 K 极不情愿地关掉电脑，又拿起手机趴在了床上，对于父亲的命令他显然没有放在心上。）

（孩子与父亲之间平时缺乏必要的沟通，父亲习惯用一种较为强硬的方式来主导孩子的生活，尽管出发点是为了孩子好，但是孩子并不认可这种方式。）

小 K 母亲："你别老是动不动跟他喊，这个年龄的小孩就爱玩，他玩玩电脑怎么了，都学了一个星期了，周末放松一下。"

（从言语中可以看出，小 K 的母亲对孩子更为娇惯，夫妻俩在孩子的教育问题上存在一定的分歧。）

小 K 父亲："你又没经常在家，你知道他学没学，你就好好惯吧，再加上我爸我妈，看把他给惯成什么样了，要啥给买啥。开始你要是不给买电脑，他能整天就知道玩吗？学习成绩能这么差吗？"

小K母亲："你好？一回来就跟他吹胡子瞪眼睛的，吓得能学好才怪。"

（笔者打断了小K父母间的争论。）

笔者："大哥大姐，你们都别激动，这样吵吵闹闹没什么好处（笔者直接否定他们这种面对问题时的做法，夫妻二人没有继续争执下去）。你们俩出发点都是好的，都是为了孩子，就是在家庭教育这方面看法不太一样。我之前的时候观察过小K的一些表现，他好像比同龄的孩子更加叛逆一些，而且也不太喜欢和身边的人交流。两位在生活中有没有关注过小K的变化呢？"

小K母亲："我们忙的时候不能经常回家，但是基本上隔三差五就给他打个电话问问。每次都是我说得多，也就是问问他的学习怎么样，吃得好不好，有没有生病，钱够不够花；他爸不太爱说，回家以后看见他不好好写作业，总是教训他；他爷爷奶奶一打电话就说孩子在家一切都好，让我们别太操心。孩子上学以后慢慢地就不太爱说话了，前段时间上课的时候思想跑毛，老师上课他不知道人家都讲到哪儿了，被老师罚站，我回来他也没跟我们说，还是碰见他老师的时候才知道的，他爷爷奶奶也没说嘛。"

小K奶奶："他爸看他儿子学习成绩上不去也着急得很，但是他（指小K父亲）从小脾气就大，我孙子一淘气，他就教训他，把孩子吓得……"

小K父亲："紧喊慢喊他都不听话呢，要是不管不知道学成啥样了。"

（小K的祖辈监护人对孩子过于溺爱，在日常生活中，因为担心孩子犯错会受到父母的指责，所以他们更倾向于隐藏孩子的问题。）

笔者："看起来，爷爷奶奶在生活中对孩子也特别宠爱，毕竟现在城市长大的孩子，大多数都是独生子女，老人的心情也是可以理解的。但是这样一来，小K的爸爸妈妈不知道孩子的情况，对孩子也不太好。"

笔者："我还有一个问题，您和小K的妈妈觉得孩子和谁的关系更加亲近呢？"

小K父亲："那肯定是跟他爷爷奶奶亲，跟他妈亲嘛。"

（虽然家人的出发点都是为了孩子，但是因为父亲平时比较严厉，所以孩子对父亲会有所排斥。）

笔者："相比小K的爷爷奶奶还有妈妈，看来您在小K的心目中是一名严父。"

（2）问题分析

第一，家庭的形态和结构。

小K的家庭成员包括爷爷奶奶、父母和小K，小K上幼儿园以后由爷爷奶奶负责照看，到个案工作介入时父母已经在外做了八年陶瓷生意了。虽然工作的地方离家并不算远，但因为平时生意比较忙，他们很少有机会回家。两位老人今年都已经60多岁了，身体不太好，但是对于照顾孙子的生活起居他们还是尽心尽力；小K的家庭条件相对优越，父母定期会给爷爷奶奶一定数量的生活费，加上两位老人每月的退休金，祖孙三人平时的生活比较宽裕。

父母与小K的日常沟通基本上是以电话沟通为主，所以很难在第一时间发现孩子情绪上的变化，也不能及时为小K和爷爷奶奶提供必要的帮助与支持。父亲虽然关心小K的生活、学习，但方式通常过于强硬，小K对父亲表现出了抗拒情绪。小K的爷爷奶奶和母亲对他比较宠爱，不舍得他受委屈，因此家庭中会出现其他成员联合与小K父亲对抗的局面。

第二，家庭系统的弹性。

小K父母都是高中文化程度，在日常生活中他们并不了解与孩子进行沟通、共同营造和谐家庭环境的知识和技巧，遇到问题时更倾向于使用传统的方式来解决，尤其是涉及孩子的学习、表现等方面时，夫妻之间争执、吵闹、互不退让就成为十分普遍的现象。夫妻二人在孩子的家庭教育方面存在分歧，遇到问题容易产生相互对立的情绪，缺乏必要的沟通来协调不同的意见。小K父亲习惯使用较为强硬的方式来达到让孩子听话的目的，而小K的母亲对此则表示反对，两人之间的截然对立不仅会对孩子的教育产生不利的影响，而且会进一步导致父子之间关系疏远。

第三，家庭系统的回馈。

小K的爷爷奶奶十分关心小K的物质生活，孩子的任何要求他们都会尽可能满足，对孩子日常的一些不良行为也是持容忍的态度，甚至放任自由；小K母亲习惯性使用物质手段来弥补对孩子的照顾不周。他们对于小K物质上的满足远远超过了对其情感需求的满足。

第四，家庭生命周期。

在小K上幼儿园之前，家庭系统是相对完整的，父母扮演着教养孩子的重要角色；但从小K上幼儿园开始，父母因为工作原因缺席必要的家庭生活，祖辈开始承担主要的养育责任，父母角色的相应功能开始逐渐弱化。父母长期不在身边，小K从爷爷奶奶那里得到了较多的满足，因此与父母关系日渐疏远，家庭中开始出现“隔代亲”。

第五，家庭成员的症状与家庭交往方式之间的关系。

小K一家的基本交往方式表现为孩子与祖辈关系较为亲密，祖辈、母亲与孩子父亲之间在某些问题上态度对立，孩子比较抗拒父亲的教育方式，夫妻之间对待问题时习惯性地相互指责。之所以产生这种状况，一方面是小K父母之间缺乏相互理解、相互支持，对问题的处理方式不当；另一方面，小K的祖辈在孩子教育和亲子沟通方面并没有起到十分积极的作用，导致孩子同父母关系疏远，甚至出现对父亲的对抗。

（3）介入技巧与效果评估

第一次介入，笔者的最主要目的是从小K父母那里搜集到更加详细的资料，以在此基础上明确介入要达到的目标，为接下来的工作奠定基础。在会谈开始以后，笔者从小K家人共同关心的小K的行为、表现入手，认真聆听，及时给予他们必要的肯定，使他们能够表现出真实的交往状态，拉近与他们的距离有助于工作关系的维护和巩固。第一次介入刚开始不久，小K的父母就因为小K的表现发生了争执，笔者并没有在这场争执一开始时就及时制止，这样做是希望双方能够将彼此内心的真实想法表达出来，使问题变得更加清晰；之后笔者直接对他们的这种做法给予了否定，希望引起他们对目前所表现出的问题的重视，这种做法打断了夫妻二人的争吵，使会谈重新回归正常。接下来，小K的父母还有祖辈监护人都表达了自己的观点。但是他们在表达对问题的看法时主要集中在其他家庭成员身上，而缺少对自身以及整个家庭环境的反思。因此在接下来的介入中，笔者将引导家庭成员重新认识问题产生的原因。

（4）介入目标

结合前期访谈和第一次介入收集到的资料，笔者为小 K 一家制订了如下工作目标。

长期目标：逐步加强家庭中夫妻这一子系统的功能，鼓励他们相互理解、彼此信任，协调他们在家庭教育方面的不同观点；父母学会使用正确的沟通技巧与孩子进行互动，鼓励孩子勇敢说出内心的真实感受，重建父母与子女之间和谐融洽的亲子关系；逐步加强祖辈监护人在亲子沟通中的积极作用，增强责任意识，协助孩子父母恢复其在子女教育中的重要地位。

短期目标：扭转小 K 家人对问题的看法，使他们明白小 K 不愿与人交流、同父母关系疏远、性格孤僻、学习成绩下降，并不是仅源自小 K 个人的原因，也不是仅其他某个家庭成员的原因，而是现有的家庭结构并没有发挥积极的作用；改变小 K 父母目前在孩子教育方面相互埋怨、相互指责的状态，促进双方积极沟通；使家庭成员理解构建和谐亲子关系的重要意义，促进他们之间的良性互动和有效沟通，帮助小 K 改变目前的一些不良行为。

2. 第二次介入：引导家庭成员重新认识问题

（1）介入过程

时间：2014 年 11 月 21 日 19:50—21:20

地点：小 K 家

通过前期资料和第一次会谈，笔者发现小 K 的父母并没有完全意识到导致孩子发生变化的根本原因，而是相互指责、埋怨，因此本次介入的目的是要引导家庭成员寻找自身原因，改变固有的看法。

笔者：“大姐，上次聊天的时候您说小 K 以前打电话的时候会说‘想你们’，但是现在孩子话越来越少，跟你们也疏远了，那您怎么看待孩子的这些变化呢？”

小 K 母亲：“还能怎么看呀，他（指小 K 的父亲）对孩子那么厉害，孩子怕呗。”

小 K 父亲："我那是对他好，你们才把他惯得越来越不像样了，谁家的孩子像他一样，整天在外面淘。"

小 K 母亲："你行了吧你，一个男孩子你一回来这不让干那不让干的。"

（小 K 父母一提到孩子的问题就会发生争执，彼此之间缺乏理解。）

笔者："大哥、大姐，你们都先别吵了行吗？难道一定要这样吵来吵去的才行吗？我能理解你们的心情，父母都是希望自己的孩子能够健康成长，只是你们现在这种状态对孩子是会有影响的。所以，希望你们能心平气和的。"

小 K 母亲："我也着急，脾气上来就管不住自己，孩子还小着呢，现在跟我们也不亲了。"

笔者："其实在孩子的问题上你们有各自的苦衷，对于这个问题你们还是要多沟通，互相理解（两人点头表示赞同）。那您和大哥有没有关注过小 K 从什么时候开始发生变化的？有没有问过他呢？"

小 K 母亲："我也说不上，反正觉得他上学以后就不太爱理人了，打电话他爷爷奶奶说好着呢，我们也就再没管。"

小 K 父亲："他现在就爱玩，就跟电脑亲，上次来你也都看见了。"

笔者："那你们觉得是因为什么呢？"

小 K 父亲："我总觉着是玩电脑玩的，现在电脑上尽是些乱七八糟的东西，他还小又不懂，觉得好玩就上瘾。可能我对他是有点厉害，但也是为了他好。"

笔者："这确实是其中的一个方面，您的想法也有一定的道理。那大姐您是怎么看的呢？"

小 K 母亲："他爸爸一对孩子发火我就看不惯，就跟他吵两句，你说挺长时间才能见孩子一面，弄得大家都不高兴，有时候他爷爷奶奶也会帮着劝（小 K 父亲）。每次都因为这，我就觉得他不太高兴。"

笔者："看来您对孩子的变化还是有一定观察的。那两位觉得孩子不高兴了是因为父亲的责备还是因为两位的争执呢？"

小 K 父亲："应该都有吧。"（小 K 母亲点头表示赞同）

笔者："两位并不是粗心的父母，只是因为你们的看法不一样，所以有的时候就把问题的重点转移到了对方的身上，这种争执的结果可能就是你们容易忽视孩子的真正感受，表面觉得是对孩子好，但孩子可能恰恰认为自己生活的环境并没有他所期待的那么愉快。"

小K母亲："对，这方面我们好像真还没有注意到。"

（笔者在对小K父母的想法表示肯定的同时，通过进一步分析使他们明白家庭环境对孩子的重要性。）

笔者："所以在接下来的一周时间内，我为两位留一个很简单的家庭作业，就是让你们双方能够好好想想，然后沟通彼此的感受。"

小K母亲："好，我们注意。"（小K父亲在一旁点头表示肯定）

（2）介入技巧与效果评估

本次会谈的主要目的是要改变家庭成员对问题的看法，在工作者的引导下，让家庭成员发现孩子产生问题的真实原因。第二次会谈刚开始，笔者就从曾经孩子对父母的态度这样一个现实性的话题入手，来引导小K的父母表达对孩子目前所呈现状态的看法。但是小K父母在提到孩子的问题时再次发生争执，对于问题存在的真实原因他们还没有真正完全意识到，这正是他们目前最需要改变的地方。因此在之后的会谈过程中，为了达到使他们正确认识家庭问题的目的，笔者在会谈的过程中引导他们从自身的角度出发来探寻产生问题的根源，让他们明白，问题的产生并非孩子个人的原因，而需要从整个家庭环境出发进行考察。小K父母在这一过程中开始逐渐反思他们对问题的看法，态度也发生了一定的改变。笔者对小K父母的看法给予适当的肯定，同时提出让他们在接下来的一周时间进行反思，试着与对方进行沟通，真正理解彼此。夫妻二人接受了笔者的建议，可见他们对解决目前遇到的问题持有较为积极的态度。

在小K父母最开始发生争执的时候，为了能使双方都平静下来，笔者反问他们，这种做法是否真的能够解决问题；接着又安抚他们的情绪，表示能够理解他们的心情。这样做是希望能够引起他们的强烈感受，进而引起他们对问题的注意。根据第二次会谈完成的实际情况，笔者决定在第三次介入时进一步巩固小K父母之间的关系，同时开始将重构亲子关系这一主题引入会谈中，为之后的介入奠定基础。

3. 第三次介入：强化夫妻系统，重构亲子关系

第三次会谈，一方面笔者要在第二次会谈的基础上巩固夫妻这一子系统，强化其功能；另一方面，笔者将帮助家庭成员寻求建构和谐亲子关系的新途径。

（1）介入过程

时间：2014年11月28日20:00—21:30

地点：小K家

笔者："大哥、大姐，上次会谈结束以后，你们肯定也有很多想法，愿意谈谈吗？"

小K父亲："对，上次结束以后我们俩都想了想，我跟她妈也聊了聊，我们两个其实都有问题。"

笔者："您能具体说说吗？"

（笔者进一步引导，希望小K父亲能够更加清楚问题所在。）

小K父亲："我吧，可能是对他太严厉了，他现在就有点怕我了，我爸我妈平时在家又太惯着他，他妈和两个老人一样舍不得孩子受委屈，所以对孩子的管教问题上我们没有统一，自己都觉得自己是对的。"

小K母亲："我们俩前两天还说呢，现在这种他管我护的方式，反而是对孩子没啥好处。"

（经过上一次的会谈，小K父母开始扭转从前在孩子教育问题上的对立态度，这是一个好的开始。）

小K母亲："以前他总说让我们带他去看个电影，说他们同学好多都是爸妈带着去的，你说我们整天在外面忙，说自由也不自由，要应酬，忙一天累了就不想回家了，忙得啥就都忘了。所以我感觉他可能觉得我们总是说话不算数，现在跟我们也就不怎么亲了。"

笔者："看来你们已经找到了问题的关键。其实这个年龄的孩子对父母还是比较依赖的，如果家长对孩子缺少关心，孩子就会对父母产生不信任感，自然孩子就会跟父母疏远。小K他其实遇到问题也很苦恼，他也不希望你们因为他发生争执，也希望你们能够多关心关心他。"

小K父亲：“这一点确实是我们疏忽了，光忙着挣钱，总觉得给他好的生活，让他吃好穿暖就是对孩子好。”

笔者：“物质固然重要，但是对孩子的成长而言，情感更重要。”

小K母亲：“现在电视上、新闻上到处都说这个留守儿童，犯罪的孩子也是越来越多。”

笔者：“所以，我们现在的重点一方面是让您和大哥之间能够相互理解，平时多沟通，在孩子的教育问题上尽量统一意见；另一方面就是要加强你们同孩子的联系，让你们彼此之间形成一种更加和谐的亲子关系，让孩子敞开心扉。那么大哥、大姐，你们有什么想法和建议吗？”

小K母亲：“我们其实那天跟你聊完天之后就觉得挺惭愧，是我们没有好好照顾孩子。”

（说话时小K的母亲有些激动，可以看出她对目前的问题已经有了较深刻的理解。小K的父亲拍了拍妻子，并抽了一张桌上的纸巾递给她，这一举动虽然很简单，却说明小K的父亲对家人的关爱，相信为了孩子夫妻双方都会做出改变。）

笔者：“大姐，大哥还是很关心您和这个家的。你们都是为了孩子好，想让孩子过上好的生活，让他安心好好学习，这样最起码孩子就没有生活上的后顾之忧了。我们还应该为孩子再努力一下才是。”

小K父亲：“我们接受你的建议，我们俩之前也商量了一下，以后遇到问题我们回去跟他（指小K）好好说，我也不动不动就跟他发火了，他妈以后也公正对待孩子的错误。做得好了我们表扬他，做得不对了我们也会耐心地跟他讲明白，让他知道什么事情能做，什么事情不能做，不袒护他。”

笔者：“对，这种方式既可以增强您和大姐之间的沟通，也可以让小K感觉到您其实并没有那么可怕，能够通过和平沟通解决问题我们就尽最大可能让这种方式保持下去，你们有信心吗？”

小K母亲：“那肯定有啊，为了孩子我觉得我们可以做到，我们愿意试一下。”

笔者："你们能这么想我也很开心，现在还有一个很重要的问题就是你们想要怎么重新恢复和孩子之间的亲密关系呢？"

小K父亲："我们就想着以后多关心关心他，多花点儿时间陪他。"

笔者："除此以外呢，还有别的想法吗？"

小K母亲："我们想着平时有时间多回家看看，可以和孩子多聊聊天，除了他的学习和生活，还可以多跟他聊一下最近发生的事情，多关心他，多鼓励他、表扬他。刚好趁着今年过年，在家好好陪陪老人和孩子，有机会带他们出去转转。"

小K父亲："说是这么说，我就怕到时候当着孩子的面又不好意思说了。"

笔者："您是孩子的父亲，大家都是一家人，也没什么不好意思的，只是刚开始可能有点儿不适应，慢慢习惯就好了，更何况这是为了孩子好。"

小K父亲："可以，那我们这周先试一下，尽量每天都早点回家，有问题的话再跟你联系，下周咱们再商量。"

（2）介入技巧与效果评估

在第三次介入一开始，笔者就从上次会谈结束时布置的任务入手，请小K父母谈谈这一周以来的想法和感受，引导他们改变对问题固有的看法，重新认识问题产生的原因。在与小K父母交谈的过程中，笔者可以看出他们对待问题的看法和态度在发生变化，前两次介入时曾经出现的相互抵触的状态没有再出现，更多的是对自我和家庭环境的反思。小K母亲在谈到自己和丈夫因为工作原因无法给孩子很好的照顾时表现得比较激动，看到妻子流泪，小K父亲赶忙在一旁安慰妻子，从这样一个细微的举动可以看出他对妻子、对家庭的关爱。笔者观察到这一细节，为了达到鼓励夫妻之间相互支持的目的，笔者向小K父母表达自己看到这一幕时的真实感受，希望引起夫妻间的共鸣，加深他们之间的相互理解和关怀。为了进一步巩固这一次会谈的效果，笔者与小K的父母协商，提出重构亲子关系的建议，得到小K父母的响应，在这一过程中也能够看出两人为构建和谐亲子关系所持的态度，笔者鼓励他们说出自己的想法并给予他们一定的支持，是希望能够提升他们认识问题、自我解决问题的能力。第四次介入，笔者将从孩子的角度出发，帮助小 K 一家进一步改善亲子关系。

4. 第四次介入：加强亲子间和谐程度

第三次介入时，笔者在引导小 K 父母说出内心真实感受的基础上，鼓励他们为重构和谐亲子关系而做出改变。但亲子关系的构建既需要父母同时也要有孩子的参与，因此，本次介入的目的是促成小 K 的改变，以加强家庭中亲子关系的和谐程度。

（1）介入过程

时间：2014 年 12 月 5 日 20:05—21:30

地点：小 K 家

笔者：“小 K，最近怎么样呀？爸爸妈妈回来的这些天你有没有感觉到他们发生变化了？”

小 K：“好像有一点，现在我玩电脑他也不像以前那样一看见就说我，我妈也跟我说要少玩电脑，对眼睛不好，没事儿多看看书，好好学习。”

笔者：“你觉得他们现在的这种方式你可以接受吗？”

小 K：“反正比以前好，他俩以前的时候一说我就开始吵，烦死了。”

笔者：“那现在你对他们还会有这种感觉吗？”

小 K：“现在挺好的，上周天他们带我出去看电影了，我爸我妈说他们以前总是在外面忙也没有照顾好我，以后会经常陪陪我。那天我就挺开心的。”

笔者：“看来你还是很爱爸爸妈妈的，你会为他们的争吵而苦恼，其实你也很希望他们能够多陪陪你是吗？”

小 K：“嗯，我们班别的同学的爸爸妈妈平时都在家，我就跟他们不一样。”

（小 K 知道自己和身边的其他同学不一样，因为父母忙于工作不能经常陪在他身边，所以说到这里时他有些失落。）

笔者："既然他们现在已经为了你在改变，那你是不是也应当将自己的想法告诉他们呢？这样，你爸爸妈妈现在也在，我们一起来做个游戏好吗？"

小 K："好啊，是什么游戏呀？"

笔者："这个游戏叫作搭桥，需要你和爸爸妈妈一起来完成，现在你去邀请他们和你一起参加可以吗？"

（小 K 虽然有点扭捏，但还是跑去让父母一起参加游戏。笔者之所以让孩子去邀请父母，是希望在接下来的游戏中，能够使他们之间的沟通变得更顺畅一些。）

笔者："这个游戏是需要大家通过沟通和合作的，在规定的时间内，用纸来搭一座桥，如果在上面附加的重量超过我所设定的最大值，就表示成功。"

（设置这样一个游戏的目的是希望加强他们之间的沟通，通过相互交流、协作使游戏成功，让父母尽可能发现孩子的闪光点，也让孩子同时理解和父母沟通的重要性。）

（游戏开始前，笔者安排小 K 坐在父母中间。游戏过程中，小 K 表现得很主动，他坐在父母中间，整个过程中三人都在不断交流，父母主动为小 K 提出建议，小 K 试着执行；或者是父母鼓励小 K 尝试自己的想法。到了验证的环节，小 K 很兴奋，随着附加在桥上的重量的增加，小 K 也在旁边拍着手大喊。游戏过后，笔者与他们分享了游戏过程中的感觉。）

笔者："好了，我们的小游戏也结束了，我们一起来分享一下。"

小 K 母亲："说实话，我们这是第一次和孩子做游戏。做游戏的时候，感觉很轻松。好像我们三个人一起商量解决了一个问题一样，觉得挺高兴的。"

小 K 父亲："感觉我儿子还是比较相信我们的，我也发现他其实还是一个很聪明的小孩儿，只是我们平时对他关注得太少了。"

小 K："我高兴呀，我成功了。我爸我妈在旁边也一直帮我，跟我说了好多办法。"

笔者："大家从这个小游戏中都有了自己的收获，这也是我们游戏的目的所在。我想问问小K，在这个游戏过程中你和爸爸妈妈一起商量，解决问题，最后取得成功，是不是很有成就感？那你现在是不是也应该向他们说些什么？"

小K："是，谢谢。"

（小K有点儿羞涩，但笑着看了爸爸妈妈一眼，然后说出感谢，小K母亲抱了一下小K，小K父亲也笑了。）

笔者："既然爸爸妈妈可以给你支持和鼓励，那你今后是不是也可以在遇到问题或者有什么想法的时候跟他们聊聊，商量商量，不管是以前还是现在，他们都是爱你的，我相信你也爱他们，所以你也要为他们做出改变好吗？"

小K："嗯。"

（小K的回答没有犹豫，而且很坚定，说明他有为亲子关系做出改变的决心和信心。）

笔者："那我们来拉钩，从现在开始，说到的就要做到，我会关注你的表现的。"

（小K点头，表示同意。）

（2）介入技巧与效果评估

第四次介入，笔者一开始便询问小K他父母最近一周的改变，这看似是明知故问，其实是笔者希望从孩子的角度来了解他眼中父母的变化，并鼓励小K说出对这种变化的感受，为之后的介入奠定基础。接下来，笔者提议小K亲自邀请父母一起来做游戏，并安排他坐在父母中间。这看似是一个小举动，笔者一方面是为了让小K迈出改变的第一步，另一方面是要试图打破他与父亲之间相对紧张的状态。笔者之所以在此次会谈中制定家庭游戏，是想通过借助孩子爱玩的天性，以这种相对轻松的方式来促成小K与其父母之间的积极沟通，引导他勇敢说出自己的想法。尽管最初并不确定游戏能否够顺利进行或者达到预想的目标，但笔者还是决定进行大胆尝试。开始时游戏并不像预想的那样顺利，小K和父母表现得都比较拘谨，笔者提示他们把握时间，小K这才做出积极回应，父母也开始配合，最终游戏成功。游戏结束后，笔者让小K和父母谈谈感受，进一步巩固介入的效果；同时对小K提出建议，希望他能够做出改变，小K同意，会谈顺利结束。

5. 第五次介入：加强祖辈在亲子沟通中的积极作用

通过前四次介入，小K及其父母都做出相应的改变，在亲子沟通的过程中，对小K来说还有重要的一部分就是他的祖辈。他们是和小K平时接触最多的人，因此他们的态度也会影响到小K与父母日常的沟通互动。因此，本次介入主要针对小K的祖父母，目的是要帮助他们了解自身在亲子沟通过程中应当发挥的积极作用，从而使家庭中的亲子关系更加和谐。

（1）介入过程

时间：2014年12月12日 19:45—21:10

地点：小K家

笔者："爷爷奶奶，上次访谈的时候我感觉你们对自己的孙子很宠爱。"

小K奶奶："现在家里面都是一个（孩子），你说谁不疼呢。我们家这个孩子，打小他爸他妈就送到我们这儿，跟我们在一起也住习惯了。"

笔者："的确，孩子跟你们在一起生活这么久也是有感情了，也知道你们是对他好。我有一个问题，就是小K父母平时教育孩子的时候你们的态度是怎样的？"

小K奶奶："他爸有时候回来见他淘气了，就教训他，他妈在旁边就说他爸，我有时候也唠叨两句，孩子还小，有啥话就好好说。"

笔者："那如果孩子遇到什么问题，或者是做错事了，他会主动跟你们说吗？"

小K奶奶："我们这个孩子不爱说话，现在大了跟我们话也少，他要啥给他啥，吃好穿好不生病就行了，别的我们不懂，他爸他妈把孩子交给我们别给人家亏了。"

笔者："那如果你们发现了会跟他爸妈说吗？"

小K爷爷：“我们轻易跟他爸妈不说，再说也没啥大事，说了就又把孩子教训一顿，弄得孩子不高兴。”

笔者：“我能理解您二老对孩子的感情，我也是独生子女，奶奶一直跟我们在一起生活，对我很好。”

小K奶奶：“就是的，从小就跟着我们，生活上啥我们都得操心。”

笔者：“您二老觉得小K的爸爸妈妈这段时间有没有什么变化？”

小K爷爷：“有，他爸他妈以前是对着干，他爸对孩子厉害得很，他妈是护着。现在好了，两个人没事儿就回来了，跟孩子说话的态度也好了，还挺关心的，上次还带着我们一起出去看了个电影。”

笔者：“那小K呢？有什么变化吗？”

小K奶奶：“也有呢，现在跟他爸关系好一点儿了，以前不跟他爸说话，现在一有啥了还说呢。跟他妈也是，原来问多了就发火，这段时间我看好些了。”

笔者：“其实小K的爸妈也和您二老一样，都很爱孩子，只是他们以前采取的方式不太合适，不了解孩子真正需要什么，与孩子缺乏沟通，所以小K和他们关系疏远。现在他们都在做出改变，您二老也应该很支持吧？”

小K奶奶：“那肯定呀，我们就这么一个孙子，当然希望我们这一家子好，整天吵来吵去搁谁都不愿意。”

笔者：“大家的出发点都是一样的，都是为了这个家，如果需要你们也有所改变，你们也一定会吧？”

小K爷爷：“是，那没得说。”

笔者：“小K爸妈其实工作也挺忙的，他们有时候见不到孩子，不知道孩子发生了什么，只能通过电话来了解情况。所以你们其实是小K和父母之间沟通的另一座桥梁。”

小K奶奶：“那我们以后就多跟他爸他妈说说他们儿子的情况。”

笔者：“这是一方面，小K跟你们在一起的时间更长，所以你们之间的沟通和交往也是十分重要的。”

小K爷爷：“我们对这个孩子平时也比较宠爱，生活上是没得说，但是别的我们年纪大了也不懂呀。”

笔者："和您家人交往这么长时间了，我知道你们对孩子很照顾，只是平时的生活虽然很重要，但是其他方面对孩子的成长也很重要。在孩子需要我们的时候，我们可以给他鼓励和支持。"

小K爷爷："对，我们以后也要关心其他的东西，多问问他。"

笔者："适当的时候其实您也可以试着在孩子面前多说说父母对他的关爱，在父母面前多夸奖孩子的表现，鼓励他们相互沟通，让他们的关系向更好的方向发展，您看这样可以吗？"

小K奶奶："那没问题，都是我们的孩子。"

基于前期会谈取得的成效，笔者提出了结案的想法。小K的爷爷奶奶、父母向笔者表示感谢，小K有些害羞，但临走时还是表现出了不舍。笔者告诉他："记得我们拉钩的约定，以后生活、学习上有什么问题我们随时联系。"

（2）介入技巧与效果评估

第五次介入，笔者的主要目的是使小K的祖辈在亲子沟通过程中明确责任，促使他们在改善现有亲子关系方面发挥更为积极的作用。在这一过程中，笔者一方面通过提问的方式使小K祖父母明确自己在孩子家庭教育中的态度和做法，引导他们认识到目前改变家庭关系的重要意义；另一方面对他们给予小K的照顾表示肯定和理解，同时也为他们引出了家庭中各次级系统对构建和谐亲子关系、促进孩子健康成长的重要性，以寻求他们的支持和帮助，促成两位老人在今后的亲子沟通中逐步改变现有的观念，为构建和谐的亲子关系、促成亲子沟通的正常进行做出努力。

6. 巩固介入效果

时间：2014年12月26日20:05—20:50

地点：小K家

五次介入结束以后，笔者对小K一家进行回访，了解目前家庭亲子关系状况。

小K的父母除了在生活、学习方面给孩子提供必要的物质帮助外，夫妻双方都在为恢复与孩子之间和谐、亲密的关系而努力。现在小K父母平时经常回家，周末也会抽出时间在家陪孩子；根据小K的考试成绩，帮助他找到学习成绩下降的原因，陪他制订学习计划，耐心劝导，而不像以前一样因为孩子不听话而发脾气；关心小K在家和学校的生活，让他讲讲一天都发生了什么有趣的事情；在完成每天的学习后，给小K放松和休息的时间，或者带着老人、孩子一起外出。爷爷奶奶帮着小K的父母监督孩子的学习，他们也都说小K有了比较大的变化。

小K现在也变得听话了，学习比以前自觉了，不会随随便便就和父母、爷爷奶奶发脾气，和父母的话也变得多起来。

笔者为家庭的变化感到欣慰，鼓励他们在今后的生活中继续按照这种新的方式相互交流，相互沟通，使这种和谐、亲密的亲子关系持续下去，为孩子营造更加良好的环境。

临走前，笔者又告诉小K父母一些增进亲子关系的方法，比如经常鼓励孩子，不吝惜对孩子的夸奖；夫妻之间也要相互支持，相互理解，可以商量定期举行多种多样的家庭活动；父母关心孩子，希望他们能够学有所成，但是也应当尊重孩子的选择，更重要的是要用正确的价值观念来引导孩子；避免使用贬低性或者警告性的语言。小K的父母表示以后会按照现在的方式来保持和孩子之间的沟通，真正关心孩子的成长。

（三）个案工作介入效果评估

1. 个案工作过程评估

在整个介入过程中，笔者针对小K及其家人共进行了五次会谈，目的是了解小K的家庭结构和亲子关系中存在的问题，并对其进行干预，从而为案主家庭构建和谐亲子关系提供必要的帮助。尽管其中遇到了一些问题，但是整个介入都能按照计划进行，也取得了一定的成效。

在第一次介入开始之前，笔者就接下来将要开展的相关工作事宜同小K一家进行了会谈。在这次会谈中，由于与小K父母在前期访谈时交流并不多，他们对于社会工作缺乏足够的了解，因此当笔者提出介入计划时，小K父母有一些犹豫。因为在“留守儿童之家”时，笔者同小K的爷爷奶奶有过多次接触，平时对小K也比较关注，所以爷爷奶奶也尽力劝说小K的父母，最终他们同意了介入计划并签订了工作协议。

在之后的五次介入过程中，小K的家人都比较配合，每次访谈后笔者会根据介入的效果来布置相应的任务，要求家庭成员配合，以巩固介入的效果，小

K 一家都能够尽最大努力来完成。虽然在最开始的两次访谈中小 K 父母在谈到孩子的问题时发生了争执，但在笔者看来这种状态并非不利，反而能够将他们面临的问题更加直观地表现出来。在笔者的帮助和引导下，夫妻间的矛盾得以化解，双方都在朝着更好的方向而努力。

在最开始介入的过程中，小 K 表现出了对父母的抗拒，尤其是对父亲。笔者在此后设计了家庭游戏，游戏过程中小 K 表现得比较积极，从父母那里获得了一定的支持和帮助，让他对与父母之间的关系有了新的认识。

2. 结果评估

通过五次介入，笔者所设定的工作目标基本达成，小 K、小 K 的父母及爷爷奶奶都做出了相应的改变，都在为了更加和谐的亲子关系和家庭环境而努力。

最初笔者刚进入这个家庭时，小 K 和父母之间的关系相对紧张，父亲习惯使用较为强硬的方式来和孩子进行沟通，结果却适得其反；母亲与父亲在孩子家庭教育方面缺乏沟通和相互理解，双方在介入的过程中发生争执。通过介入，小 K 的父母认识到问题的所在，积极配合笔者的工作，开始逐步改变以往争执的状态，试着相互理解，在介入过程中改变自己从前对孩子的态度，与孩子进行积极的沟通和互动。与此同时，小 K 通过游戏与父母进行沟通，加深了彼此间的了解，逐渐改善了与父母之间的关系。小 K 的爷爷奶奶也为恢复亲子关系而做出了相应的改变，使整个介入过程设定的目标基本达成。

结案之际，笔者为了巩固介入已取得的效果，又提出了一些针对改善亲子关系的建议，也得到了小 K 父母的响应。小 K 的家人表示感谢，而小 K 则表现出了不舍。

五、结论

（一）总结

1. 研究发现

（1）个案工作本身的特性有助于亲子关系改善

城市留守儿童亲子关系的改善是一个循序渐进的过程，在这个过程中需要工作者结合个人和家庭的实际情况来采取相应的措施，开展必要的服务。个案工作关注个人或家庭的特殊性，通过适当的理论和技巧，采取个别化的服务，深入分析服务对象产生问题的原因，帮助他们正确认识问题，进而解决问题。本文中，笔者在与小 K 的父母及爷爷奶奶进行访谈的基础上，分析家庭问题产生的原因，并以此为基础，针对小 K 一家的实际情况制订了个案服务计划，帮助小 K 一家改善不良的亲子关系。

（2）结构式家庭疗法为个案介入提供理论依据和方法支撑

结构式家庭疗法的核心在于它认为家庭成员出现问题、家庭功能不良是因为整个家庭环境和结构存在缺陷。通常情况下，家庭结构并非自动呈现，而是由家庭各个成员间的交往互动来体现，因此要更加深入地了解和分析问题，就需要进入到家庭中进行观察。

亲子关系是构成家庭系统的重要部分，其对于处在成长期的儿童来说具有重要影响。运用结构式家庭疗法的相关技巧来研究亲子关系问题，不仅仅是从家庭中单一个人的角度出发来理解、分析问题产生的原因，更重要的是积极引导每个家庭成员都能够对当前出现的问题有一个正确的、清晰的认识，从家庭结构和家庭环境中来探寻问题产生的根源。在介入过程中，工作者针对家庭中存在的问题，从每个家庭成员身上找到突破口，寻求解决问题的有效途径，打破了他们固有的对待问题、解决问题的方式，帮助家庭成员提高彼此间的沟通互动质量，使他们学会用更加积极的方式来加强成员间的联系，从而促使亲子关系得到改善。

本次针对小 K 一家的亲子关系问题开展的个案工作，运用结构式家庭疗法中进入、评估和介入的具体实践过程共分五次进行，目的在于让家庭成员逐步改变对现有问题的看法，从家庭结构和环境方面来寻找问题产生的原因，并引导他们为改善不良的亲子关系而做出相应的改变。结构式家庭疗法以整个家庭为对象，在介入前需要工作者进入案主的家庭，观察家庭成员日常的交往互动，从而评估案主的家庭问题。因为在访谈之前笔者同小K的祖辈监护人有过沟通，在正式向小 K 家人提出介入的想法和计划时，小 K 的祖辈监护人劝说小 K 的父母同意介入，因此笔者进入案主家庭相对顺利。结构式家庭疗法从家庭形态和结构、家庭生命周期、家庭系统的弹性、家庭系统的回馈及家庭成员的症状与家庭交往方式五方面来对案主遇到的问题进行综合评估，而这也恰恰是从家庭的整体环境着手。在诊断和评估的基础上确立具体的介入目标和计划，对于真正解决案主遇到的问题是极为重要的。因此，根据第一次介入时所观察到的实际情况，结合前期访谈收集到的资料，笔者从家庭结构和环境的角度出发对案主一家的问题进行了评估，发现小K家庭中存在祖辈承担主要的教养职责，父母亲情缺位，夫妻次系统、夫妻与祖辈次系统之间教育观念、方式对立，家庭功能失衡，父子关系紧张，母子关系疏远等较为突出的问题。

结构式家庭疗法介入的三大目标是改变家庭的看法、改善家庭的结构和环境及改变家庭错误的世界观。在介入的开始阶段，小K的父母曾经两次因为孩子的问题而发生争执，笔者并没有在争执一出现时就制止，而是让他们将内心的真实想法反映出来，这也正是将问题具体化的一种有效方式。同时，他们表现出了这种习惯性的处理问题的方式，也在提醒他们需要对其进行改进。结构式家庭疗法就是要让问题变得透明，在此基础上才能改变案主对问题的认知，使其建构起新的看待问题的方式。通过不断引导，小K父母的态度开始发生转变，从最初的相互指责到后来的互相支持，并为改善目前不良的家庭环境和紧张的亲子关系而做出了改变。在这一过程中，小K及其祖辈监护人也做出了相应的改变，这对于巩固家庭治疗的效果起到重要作用。

结构式家庭疗法从家庭结构的角度来分析亲子关系问题的成因，并制订相应的介入计划来帮助家庭成员改变对问题的看法，恢复家庭功能，从而改善不良的亲子关系。因此，该模式对于城市留守儿童亲子关系问题的解决具有一定的优势。

（3）社区在解决亲了关系问题的过程中能够发挥积极的作用

本文中，笔者借助在W社区实习的机会进入到了社区的“留守儿童之家”，根据已有的档案资料和从社区工作人员那里获得的信息，笔者掌握了有关城市留守儿童较为全面的信息，为初期的准备工作奠定了基础。在访谈开始前，为了能够寻求访谈对象的积极配合，请社区工作人员组织联系，在他们的协助下，笔者对已经确定的访谈对象进行动员，向他们传播社会工作的相关知识并介绍研究的目的和意义，使接下来的个案工作能够顺利开展。在个案服务开始之后，社区工作人员从自身的实际工作经验出发，向笔者提供了一些建议，这些建议无论对于个案工作的实施还是对笔者专业能力的提升都有一定的积极作用。

（4）服务对象对亲子关系问题的关注使工作者能够找到恰当的切入点

参加W社区“留守儿童之家”的儿童全部为独生子女，父母为了给孩子提供良好的生活条件而外出打拼，祖辈为了孩子也是尽心尽力，家长共同的心愿就是希望孩子能够健康成长，将来成为优秀的人才。在笔者观察和访谈的过程中，有很多家长对目前孩子的一些不良表现表示无奈，祖辈不舍得打骂孩子，孩子父母又不懂得如何正确与孩子沟通，使得亲子关系问题日益凸显。小K一家也同样面临这样的问题，在访谈中家庭成员希望能够改善现有的亲子关系，只是因为父母长期在外，在孩子的教育问题上缺乏相互理解，不懂得如何表达对孩子的关爱，祖辈又过分宠爱孩子，从而导致亲子关系出现问题。因此笔者从小K父母入手，引导他们反思现有家庭教育中的不足，让他们认识到亲子关系问题产生的真正原因；并加深了小K对父母的理解，同时笔者寻求祖辈监护人的支持和配合，使亲子关系问题在一定程度上得以解决。

（5）社会工作专业价值理念指导工作者更好地开展服务

在整个介入的过程中，工作者都应该始终按照专业理念和职业操守来规范自己的行为。除了向案主传播社会工作的相关知识，工作者还应当为案主保密，避免因为自身的疏忽而对案主造成困扰。工作者应接纳案主，对案主的遭遇表示关怀，但在分析案主的问题和行为时要保持客观的态度，不要被自身的情绪所左右；认真聆听，表达同理，和案主保持良好的互动，让案主觉得自己被尊重；遵循案主自觉的原则，一切介入的方案和有关措施都应当以案主自觉自愿为前提，尊重案主的选择。

2. 不足之处

（1）社会工作的相关理念并未深入人心

笔者实习所在的社区缺少具备专业知识的社会工作者，日常针对居民开展的服务和活动更多是从政策执行的角度来进行，社区居民对社会工作缺乏足够的了解，社会工作实务在社区内很难真正开展起来。另外，个案工作主要以个人或家庭为主要服务对象，工作者需要了解案主的现实处境，深入挖掘案主产生问题的原因，而这恰恰与很多中国人传统的“家丑不可外扬”的观念发生冲突，因此这对于个案工作方案最初的实施会产生一定的影响。

（2）结构式家庭疗法有待进一步实现本土化

结构式家庭疗法的相关理念及技巧更多的是借鉴国外成果，国内运用结构式家庭疗法展开治疗的相关案例并不多见。而且中西方巨大的文化差异使得其中很多的经验并不能完全切合国内的实际，因此运用到具体的实务过程中时还需要更进一步探索出本土化的工作方法与技巧，如遇到什么情况应当含蓄表达、哪些应该点到为止、哪些看法又应该直接表达等，都需要工作者在不断地在实践过程中进行探索。

（3）工作者个人的经验影响实务的效果

本次介入是笔者在实习期间独立进行的首次个案介入。由于自身经验缺乏，专业知识上还有所欠缺，对结构式家庭疗法的相关技巧掌握不够细致，介入过程中对一些突发问题的处理不够及时、到位；与案主会谈时，一些语言过于正式，在介入的过程中容易使案主产生距离感。

（二）应用前景展望

通过五次介入，笔者逐步引导家庭成员认识到问题的实质，帮助他们发挥自身的作用，鼓励他们为重构家庭成员间和谐的亲子关系而做出各自的努力。到结案时，之前所设定的目标基本达成，原本冲突不断的家庭成员都在不同程度上改变了各自的交往方式，整个介入按计划基本顺利完成。可见，社会工作以其独特的专业理念为基本出发点和落脚点，使工作者在服务的过程中能够真正深入剖析案主的问题，理解案主的真实处境，根据案主的实际状况而开展有针对性的服务，帮助案主尽快恢复自身解决问题和处理问题的能力，使案主获得新的生活。现阶段，社会工作在中国尤其是在西部地区的发展还比较滞后，若能借助社区这一平台，大力发展社会工作，提升居民对社会工作的了解度和认可度，使其在居民生活的各个方面发挥巨大的作用，社会工作会有很大的发展空间。

中学校园欺凌问题及其成因研究——以X中学为例

潘虹

125 一、绪论
133 二、研究设计与调查状况
141 三、X中学校园欺凌现状
155 四、校园欺凌发生的成因分析
160 五、预防及解决措施
164 六、总结与反思

一、绪论

（一）问题的提出

2015 年年初，网上一篇校园欺凌事件的报道吸引了笔者的注意，视频截图中上身赤裸的少女双膝跪地，身边几位女同学在她旁边开心地笑着，这几位女生“嘟嘴”“摆剪刀手”与这位上身赤裸的少女自拍合影，女孩们脸上放肆的笑容与受欺凌女孩绝望的眼神形成了强烈的对比。笔者在搜索引擎里输入“校园欺凌”四个字后出现的满是各种欺凌事件的视频与图片，发现原来有这么多的青少年、儿童遭受过校园欺凌的伤害。而笔者的脑海中也逐渐浮现了中学时代的一些不愉快的往事，笔者才意识到曾经自己也是校园欺凌的受害者。经过对更多相关事例的阅读后，笔者发现校园欺凌事件中的受害者有某些共同的特征，因此进行了大胆假设：欺凌事件中实施欺凌和遭受欺凌的发生受几个主要因素影响。个人的亲身经历激发了笔者对校园欺凌这一微观社会现象的浓厚兴趣，并萌发对它进行探究的愿望。港台学者更多地从公共心理卫生视角来探索心理状况与受欺凌经历之间的相互关系，在大陆，除心理学、教育学之外，社会学对校园欺凌的关注也在逐渐增多，但尚未引入社会统计学技术，实在令人遗憾。本文希望通过实证研究摸清调查对象——X 中学的校园欺凌现状，进而探索中学生实施欺凌和遭受欺凌背后的影响因素，并寻求校园欺凌的解决方法。

（二）研究的目的和意义

本次研究具有一定的学术意义。首先，从社会学的角度看，对当前校园欺凌问题现状、特征、影响因素等的探析，可以帮助将对该现象的一般认识上升到理论高度。其次，本次研究中对校园欺凌行为现状和相关因素进行了问卷编制，可以填补这一空白，为以后更成熟、更深入地进行研究提供经验参考。

本次研究也具有较重要的现实价值。当前中国校园欺凌事件频发，轻则影响青少年的正常学习与生活，重则导致青少年抑郁甚至自杀。青少年是祖国的未来，有效治理、解决校园欺凌迫在眉睫，而在外在干预、心理辅导等方法之外，同样需要社会学研究为之提供参考。

（三）有关校园欺凌问题的文献综述

20 世纪 80 年代，挪威、英国、加拿大等国的学校中先后发生了一系列欺凌导致学生自杀的恶性事件。校园欺凌问题就此引起了这些国家政府、教育行政机构及社会各界的关注，而对校园欺凌问题最先进行系统研究的是心理学。截至目前，全世界已有 20 余个国家的研究者对本国校园欺凌问题进行了系统研究，挪威、澳大利亚、美国等国已经依据研究成果出台了相应的法律来保护学生。目前，校园欺凌问题已经成为心理学、教育学、社会学等的研究中的一个比较热的领域。

1. 对欺凌行为的定义

一般认为，对于欺凌问题的系统研究始于挪威卑尔根大学的 Dan Olweus 的《校园侵害行为：施虐者与替罪羊》（*Aggression in the Schools: Bullies and Whipping Boys*）一书的出版。[①]在该书中，Dan Olweus 将欺凌行为明确定义为受欺负者被一个或多个同龄人有意地、反复地、持续地施以负面行为，造成受害者心理或身体的不适应或伤害。英国政府教育与技能部对校园欺凌所做的官方定义是：反复的、有意的或持续的意在导致伤害的行为，但偶发的事件在某

① 张文新. 学校中的欺负问题——我们所知道的一些基本事实[J]. 山东师大学报（人文社会科学版），2001，（3）：3-8，12.

些情况下也可被看作欺凌，如个体或群体施加的有目的的有害行为，力量的失衡使被欺凌的个体感觉失去了抵抗。[①]在日本文部科学省关于儿童、青少年群体中的“欺凌”定义中，2007 年的定义以前主要强调具有下列特点的行为是欺凌行为：单方面对比自己弱势的人，在身体上、心理上施加持续性的攻击，让对方感受到深重的痛苦[②]；2007 年对欺凌重新定义后，不再拘泥于需要具备持续的攻击和痛苦的感受，而是强调该学生遭受与自身保持一定社会关系的人的心理性、物理性攻击，感受到精神上的痛苦，其发生地点不区分校内或校外。香港城市大学的黄成荣教授通过多年实践并对比国内外研究认为，“欺凌是一种蓄意及持续性的欺压行为，是有意识的行动，透过言语或肢体暴力侵犯他人，并置他人于压力之下”[③]。中国台湾学者则认为，霸凌（bullying）是一种人与人之间的冲突行为，它可能是身体、言语、性的攻击，或可能是间接的关系排挤，更甚至是新兴的网络欺凌。霸凌是强迫被害者重复被攻击的行为，且达一段时间以上；然而学者无法准确界定‘一段时间’为多长，才会对被害者身心产生影响。陈世平把欺凌行为界定为儿童之间的一种倚强凌弱的故意伤害行为，它的主要特征是行为双方的力量不对等性、故意性和伤害性。[④]此外，张国平认为，狭义的校园暴力就是校园欺凌，即指发生在校园或主要发生在校园里，由学生或校外人员针对在校学生身体和精神所实施的，违背社会规范的伤害行为。[⑤]

2. 欺凌行为的类型

Dan Olweus 在他编制的欺凌行为调查问卷中将欺凌行为划分为五类。第一类是言语欺负，包括取不雅的绰号、讥笑、言语刺伤、威胁恐吓；第二类是肢体欺负，包括推、踢、殴打、撞击、抢夺或破坏财物；第三类是关系欺负，包括排挤或忽视弱势同伴、散播不实谣言、中伤同伴；第四类是性欺凌，包括以身体、性别、性取向、性征作为取笑或者评论；第五类是网络欺凌，包括透过网络或手机散播威胁辱骂的言语、散播不实谣言讯息。陈世平赞同 Dan Olweus

① 许明. 英国中小学校园欺凌现象及其解决对策[J]. 青年研究，2008，（1）：44-49.

② 杨立新，陶盈. 校园欺凌行为的侵权责任研究[J]. 福建论坛（人文社会科学版），2013，（8）：177-182.

③ 黄成荣，袁志文. 穗港澳三地青少年欺凌行为比较与社群福祉观辅导应对[J]. 青年探索，2010，（6）：22-29.

④ 陈世平. 小学儿童欺负行为与个性特点和心理问题倾向的关系[J]. 心理学探新，2003，（1）：55-58

⑤ 张国平. 校园霸凌的社会学分析[J]. 当代青年研究，2011，（8）：73-76，66.

的分类，他在研究中采用了 Dan Olweus 对校园欺凌的分类。[①]但是张文新对欺凌行为的分类与上述二者不同。张文新认为应该把欺凌行为划分为三种类型：直接身体欺负、直接言语欺负和间接欺负。直接身体欺负是指欺负者一方利用身体动作直接对受欺负者实施的攻击，如打人、踢人和损坏、抢夺他人财物等；直接言语欺负是指欺负者一方通过口头言语形式直接对受欺负者实施的攻击，如骂人、羞辱、讽刺、起外号等；而间接欺负是指欺负者一方借助于第三方而对受欺负者实施的攻击，如造谣离间和社会排斥等。[②]

3. 欺凌行为的性别差异

Whitney 和 Smith 发现，在被调查的小学生中，男女生在受欺负方面比例基本相同，但是在欺负他人方面，男生欺负人的比率要比女生高很多。在初中阶段，不论是欺负还是受欺负，男生所占的比例都要显著高于女生。同时他们还发现，男生更多地采用直接欺负，尤其是直接的身体欺负。言语欺负是中小学儿童中最为普遍的欺负形式。小学阶段男生受身体欺负和关系欺负的比例均高于女生，但在受言语欺负方面无显著的性别差异。在初中阶段，男生受三类欺负的比例均显著高于女生。[③]张文新的调查研究结果与 Whitney 和 Smith 的研究结果基本相同。陈世平的研究对此有了新动向，研究显示，高中男女生的间接欺凌比例相对于初中都有所上升，女生的间接欺凌则上升为首位；男生由直接的身体欺凌为主逐渐转化为以言语欺凌为主，女生由直接的言语欺凌为主逐渐转变为以间接欺凌为主。

4. 欺凌行为的年龄差异

Björkqvist 等研究了芬兰的 8 岁、11 岁、15 岁三个年龄组儿童的攻击行为类型随年龄变化的情况。[④]他们发现直接身体攻击的发生率随儿童年龄的增长

① 陈世平. 小学儿童欺负行为与个性特点和心理问题倾向的关系[J]. 心理学探新，2003，（1）：55-58.

② 张文新，王益文，鞠玉翠，等. 儿童欺负行为的类型及其相关因素[J]. 心理发展与教育，2001，（1）：12-17.

③ 转引自张文新，王益文，鞠玉翠，等. 儿童欺负行为的类型及其相关因素[J]. 心理发展与教育，2001，（1）：12-17.

④ 转引自张文新，王益文，鞠玉翠，等. 儿童欺负行为的类型及其相关因素[J]. 心理发展与教育，2001，（1）：12-17.

而下降，而直接言语攻击的发生率随儿童年龄增长而上升。8 岁儿童对他人的间接攻击在整个攻击行为中所占的比例很低，但 11 岁女孩使用该类攻击的占比已超过直接攻击。陈世平的研究显示，欺凌问题的发生频率有随年龄的增长而下降的趋势。小学生中自我报告经常被欺凌的约有 20%，初中生有 12%，高中生有 4%。欺凌者的人数变化虽然也表现出随年龄增长而下降的趋势但并不明显，发生率平均为 8%。①张文新的研究也同样表明，儿童受欺凌的比例总体上随年龄的增长而降低，但不同欺凌类型之间存在差异，其中受直接身体欺负的比例随年龄的增长而下降，受直接言语欺负的比例随年龄增长而上升，受间接欺负的比例随儿童年龄增长发生的变化无规律性。这与上述 Björkqvist 等揭示的儿童攻击行为中存在的性别与年龄差异模式十分相似。

5. 应对欺凌行为的态度

张文新的调查结果表明，面对欺凌时，大多数儿童对被欺凌者表现出同情和支持行为，但相比较而言同情多，实质的帮助行为少。有欺凌他人经验的儿童和有遭受欺凌经验的儿童对待欺凌的态度也存在差异：与其他类型的儿童相比，欺凌者更倾向于理解那些欺凌别人的儿童，而很少同情那些受欺凌者。当面对欺凌行为时，他们不仅不加以制止，而且还可能参与欺凌自己不喜欢的同学。初中生对受欺凌者的态度还与受欺凌者之间的熟悉程度有关，与不认识的同学相比，学生对他们的朋友受到欺凌抱有更同情的态度，也更倾向于帮助自己的朋友。②

6. 校园欺凌的危害

在很多情况下，校园欺凌带来的影响是巨大而且是深远的，已有研究大多针对校园欺凌双方来展开讨论，即欺凌者和被欺凌者。

（1）对被欺凌者的危害

已有的研究表明，除了身体伤害，经常被欺凌会导致学生注意力分散、学习成绩下降、逃学、自尊心和自信心下降、情绪抑郁、焦虑及头痛、失眠、做

① 陈世平，乐国安.关于学校中儿童欺负行为的研究[J]. 广州大学学报（社会科学版），2006，（1）：42-46.

② 陈世平，乐国安.关于学校中儿童欺负行为的研究[J]. 广州大学学报（社会科学版），2006，（1）：42-46.

噩梦等，在某些极端的情况下甚至可能会导致学生自杀。除此之外，随着互联网普及而出现的网络欺凌也给被欺凌者带来了很大的困扰。国外研究者发现，遭受网络欺凌的青少年会产生压力而改变他们的应变经验，类似的后果有离家出走、考试作弊、逃学、使用酒精或大麻，其中最具破坏性的后果之一是开始逃避社交活动。

（2）对欺凌者的危害

欺凌行为对于欺凌者的危害虽然不像对被欺凌者的危害那样直接、明显，但是从长久来看，对欺凌者的危害同样存在且深刻。赵美鲁等认为，欺凌者本身在人格或性格等方面就存在一定的偏差，长期实施欺凌行为无形中强化了这种错误的行为方式，认为欺凌别人是达到自己目的或者满足自己需求的十分有效的方法，长期下去就会形成攻击型人格。经常欺凌他人的儿童成年后的犯罪率是正常人的 4 倍。[①]高相凯也指出欺凌者不良的个性特点会妨碍其与他人的正常交往，导致他们在同伴群体中受到侵害。[②]

7. 欺凌的影响因素

不同学科的研究者对校园欺凌发生的诱因进行了研究。方芳、赵婷在《校园欺负行为研究述评》一文中从教育学角度出发提出了校园欺凌行为的四大主要成因，分别是学校因素、家庭因素、学生自身因素和社会因素，其中，学校因素主要是指学校轻德育重智育、法制教育缺失、文化营养失衡、师生关系不和谐；家庭因素主要是指家长素质不高和教育观念陈旧、不良的家庭教育和家庭环境；学生自身因素主要是指学生的年龄特点，随着年龄的增长欺凌行为呈下降趋势；社会因素主要是指校园周边的不良环境因素，即不良文化和不良社会风气的影响。[③]

杨彩霞从刑法学角度出发，提出校园暴力和欺凌发生的学校原因、家庭原因和学生自身的原因。在学校方面：第一，教育模式的明显功利性倾向是引发校园暴力的关键；第二，教师权威的传统在相当程度上阻碍了师生间的良好互

① 赵美鲁，戴静，李秀清，等. 学校中的欺负行为[J]. 新疆石油教育学院学报，2005，（4）：102-103.

② 转引自万赟. 美国中小学校园欺侮现象之研究[D]. 上海：华东师范大学，2007.

③ 方芳，赵婷. 校园欺负行为研究述评[J]. 科教导刊（上旬刊），2015，（1）：154-155.

动，为师生间的冲突埋下了隐患，而矫正过度又使部分学生有恃无恐，致使校园暴力事件发生；第三，教师队伍建设中存在漏洞。在家庭方面，家庭教育的失败、家庭结构的缺陷是诱发校园暴力、欺凌的两大要素。在社会方面，暴力文化的泛滥、大众传媒的影响和校园周边环境的恶化是三大重要原因。学生自身的原因有四个：一是好奇心强，缺乏独立判断的能力，行为方式具有模仿性，极易接受外界各种不良因素的影响；二是情绪不稳，自控力差，极易为外界诱因的驱使而产生冲动行为；三是体力充沛，精力旺盛，争强好胜，崇尚武力；四是叛逆心强，反抗权威意识强烈。[①]

刘小玲、张波在《从社会心理学的视角透视校园暴力》一文中从社会心理学视角对校园暴力、欺凌的发生原因进行了探究，认为人的潜在攻击性本能是校园暴力的主要诱因之一；挫折感容易引发攻击性行为，所以挫折感也是校园暴力发生的原因之一。此外，青少年对“暴力文化”的盲目崇拜也会导致暴力行为的发生。[②]史慧静在《基于社会生态学理论的反校园欺负综合干预策略研究》一文中指出，应在真实的生活情境中、在个体与环境的互动意义上去研究欺凌发生的原因，不同地区、不同文化中的欺凌形成的原因主要有个人、家庭、社会三个层面（具体内容见 p139）。[③]

8. 各国应对校园欺凌的措施

在挪威，校园欺凌的干预活动一般都是在全校范围内展开的，从学校、班级、学生三个层级来实施相应的措施，具体措施有：制定课堂规则来规范学生的日常行为，组织教职工大会讨论和制订反欺凌工作方案并组织督查小组监督干预活动，并且为欺凌者、受欺凌者及他们的家长提供心理咨询服务等。2002 年 8 月，挪威政府、全国教师大会、各区反欺凌联盟、家长协会共同发表了《反欺凌宣言》，启动了对欺凌的《零容忍方案》，这是一个全国性宣言，它宣告挪威自此开始国家层面的反欺凌运动，系统的反欺凌机制自此建立。为了治理随着网络发展出现的网络欺凌，挪威电信公司于 2009 年起联合教育部门开展了一项名

① 杨彩霞，周罡. 校园暴力的防治对策研究[J]. 校园之声，2008，（4）：99-114.

② 刘小玲，张波. 从社会心理学的视角透视校园暴力[J]. 遵义师范学院学报，2005，（3）：43-45.

③ 史慧静. 基于社会生态学理论的反校园欺负综合干预策略研究[J]. 中国学校卫生，2015，（2）：165-169.

为“用脑想一想”的大型反网络欺凌活动，目前，这项活动已经走进了挪威 700 多所学校，20 多万学生从中受益，使学生从中学习到了正确使用网络和手机的方法。

为了治理校园欺凌，澳大利亚建立了一些组织和专题网站，如“澳大利亚反欺凌组织”“澳大利亚无欺凌计划”，随着活动的进一步开展，2013 年，澳大利亚成立了一个全澳范围内的反欺凌机构——澳大利亚制止欺凌基金会，它将确保澳大利亚在打击欺凌中取得成功。澳大利亚的反欺凌措施收到了一定的效果，部分欺凌得到了控制。

以色列也采取了各种措施来应对校园欺凌，例如，为校园欺凌的调查与研究提供帮助和支持、对学校的教职工进行专题培训、要求学校建立全校性的欺凌干预政策，以及在校园中增派警力保护学生安全等。

校园欺凌在美国也同样常见，每年大约有 1/3 的在校学生曾遭受到欺凌，就连美国前总统奥巴马也曾因“大耳朵”和“怪名字”而遭到同学欺凌。对于校园欺凌问题的频发，美国各州采取了不同的措施来应对。2009 年，马萨诸塞州通过了《反校园欺凌法案》，该法案规定了教育部门、学校管理者、学校、家长等的职责，是一个较为系统的反欺凌法案。之后，美国陆续有 44 个州出台了反欺凌的相关法律。此外，奥巴马政府曾经采取了多项措施来治理校园欺凌，如美国教育部与其他政府部门、学校、家长协会等共同研究应对欺凌的管理办法，力图使其有法可依。

日本于 2013 年制定了《防止校园霸凌对策推动法》，该法明确规定了国家和地方、学校防止校园霸凌的措施。此外，日本对《少年法》进行了修订，将收入少管所的年龄改为“大体 12 岁以上”，这表明了日本处理校园霸凌的严厉性。2017 年 4 月起，日本的小学采用一款新研发出来的软件来防治校园欺凌，校园欺凌的受害者和旁观者可以通过这款软件将欺凌事实报告给他们就读的学校的领导。

韩国除了政府和教育部推出的方案外，韩国的大型保险公司——现代海上保险公司首创了“反欺凌保险”，该保险如果申请理赔成功，保险公司将支付受害人心理辅导和医疗方面的费用。

中国对校园欺凌的预防和整治活动于 2010 年前后启动。2016 年，国务院教育督导委员会办公室、教育部等相关部门先后印发了《中小学（幼儿园）安全工作专项督导暂行办法》《国务院教育督导委员会办公室关于开展校园欺凌专项治理的通知》《教育部等九部门关于防治中小学生欺凌和暴力的指导意见》，对当前我国中小学生的反校园欺凌和暴力工作给出了指导性意见。2017 年“两会”期间，校园欺凌议题也得到了“两会”代表的重视，河北师范大学副校长王长华委员、河南财经政法大学教授郧瑛琪委员、中国社会科学院社会发展战略研究院研究员刘白驹委员认为应建立有效的法律体系防止校园暴力。2017 年 3 月，全国人民代表大会常务委员会已经对《中华人民共和国未成年人保护法》开展了执法检查，之后在该基础上开展了校园欺凌、暴力的专题调研。总体上来说，我国对校园问题的法律法规建设已经先行，但是具体的干预措施及对青少年心理健康的帮助和帮扶还是比较滞后的。

对各国校园欺凌干预的效果进行比较后发现，当前挪威的整体干预策略效果较好，其他国家的干预措施虽然也收到了一定效果，但缺乏整体上的统筹管理，干预效果暂时没有得以保持与延续。

（四）整理及述评

笔者在对国内外相关文献的阅读和整理过程中发现，不论是数据的收集与分析，还是理论的探索与建立，或是干预的开展与研究，抑或是政策、法令的制定与颁布，各国对校园欺凌问题的研究都有一定的基础。这些措施使校园欺凌问题在一定程度上得以改善，但是得到没有完全解决，这一现象仍然普遍存在于各个国家、各个学校之中。

国内对于校园欺凌问题的研究已经启动，但目前仍有很大的探索空间。目前的研究主要是从心理学、教育学、社会学等学科视角开展的，其中社会学研究还比较薄弱。国内研究多集中于以定量的方法来描述该现象的现状与特征，并没有真正触及现象产生背后的深刻原因，这方面是值得关注和给予加强的。

二、研究设计与调查状况

（一）调查地点和调查对象的选择

本文调查对象为 X 中学在校学生。X 中学位于内蒙古自治区巴彦淖尔市杭锦后旗陕坝镇，该校是由爱国将领、时任绥远省主席傅作义先生在绥西河套地区指挥抗战期间创立的，距今已有70多年的历史了，是当地的一所历史名校。该校是其所在地杭锦后旗唯一一所公立普通高中，目前设置有高一、高二、高三3个年级，该校的学生家庭背景差异较大，学生家长几乎涵盖了当地的所有阶层。另外，X中学因其较高的教学水平而在内蒙古中西部地区享有盛名，因此也吸纳了相当一部分乌海市、巴彦淖尔市临河区甚至是鄂尔多斯市的学生来此就读。这三地的经济水平都高于X中学所在地，三地的学生中家庭经济能力高的概率更大，因此有可能造成该校中“本地生”与“外地生”之间主要以家庭经济状况差异为主的差异，这为本文对家庭经济状况与学生实施欺凌行为及遭遇欺凌行为间关系进行考察提供了有利条件。该学校根据中学毕业考试成绩和平时测验考试成绩将班级划分为竞赛班、重点班和特长班，这同样为本文探索学生成绩与欺凌经历间的关系提供了有利条件。高中生比初中生心智更加成熟，初步形成了比较完整的人格，因此高中生比初中生更容易理解和接受本文的调查问题和调查目的，所以选择高中生作为本次中学校园欺凌研究的对象。X中学是笔者本人高中阶段的母校，在开始这一研究前，为避免个人先入为主的主观判断，笔者曾多次致电该校的老师询问该校是否存在校园欺凌问题，受访的大部分老师都给出了肯定回答，因此最终选定该校作为本次研究的调研地点。

（二）研究方法与样本选择

1. 问卷调查法

本次研究以定量的社会研究方法为主，主要通过发放问卷的方式对学生展开调查。问卷调查是典型的定量研究资料收集方法，本次研究采用多阶段抽样方法发放调查问卷。X中学只设有高中部，共有三个年级，高一年级有24个班，共1238人，高二年级有25个班，共1353人，高三年级有27个班，其中包括2个补习复读班。因为该校管理原因不允许笔者进入补习班进行调查，所以除去2个补习班高三年级有25个班，共1362人；全校共74个班（除去2个补习班），3953名学生，平均每班53名学生。本次研究采用袁方提出的经验确定样本数范围的方法来确定样本数量。[①]全校共3953人，为确保所抽取的样本具有代表性，本文拟抽取一个容量为600人的研究样本（即12个班）来进行研究，样本占总体的比重为15.2%。

2. 抽样过程

依据全校总人数，为确保所抽取样本具有代表性，本次研究使用多阶断抽样的方法抽取了一个容量为600人的研究样本（即12个班级），具体步骤如下。

第一阶段采用的是等距抽样方法。第一步，制作抽样框，以X中学高中三个年级74个班作为抽样框，并给每个班编号。第二步，计算抽样距离 k=A'/n=74/12≈6，即抽样距离为6。第三步，使用抽签法在前6个班中用完全随机的方式抽取一个班。具体做法是，将总体中的所有个体编号（号码是1—6），将号码写在形状大小相同的小纸条上，然后将这6张小纸条放在一个箱子里，搅拌均匀后从中随机抽取一张小纸条，被抽中的小纸条上的号数就是第一个班级的号码数，抽中的小纸条号数是5，所以其所在位置的序号是 k，k=5。第四步，自 k=5 开始，每隔6个班级抽取一个，即所抽取的班级编号为5，11，17，23，29，35，41，47，53，59，65，71。第五步，回到抽样框中，根据编号找到对应的班级，分别是1505班，1511班，1517班，1523班，1405班，1411班，1417班，1423班，1304班，1310班，1315班，1322班。

第二阶段采用的是整群抽样方法，对第一阶段选中的班级中的所有学生发放调查问卷。

本次研究的抽样单位是班级，研究单位是学生。共发放问卷590份，回收560份，问卷回收率是94.9%。有效问卷为556份，其中男生291人，占52.3%，女生265人，占47.7%，年龄为16—20周岁。

（三）研究假设

校园欺凌行为是学生之间人际互动的结果，同时欺凌行为[②]也是多种因素共同作用的结果，研究者既要考察中学生的个人因素，又要探讨心理因素、家庭因素等的影响。从狭义上来说，校园欺凌属于校园暴力的一种。1999年出版

① 袁方. 社会研究方法教程[M]. 北京：北京大学出版社，1997：228.

② 张文新，纪林芹. 关注学校中的欺负问题[J]. 教育科学研究，2005，（1）：20-25.

的《世界卫生组织健康促进学校项目系列工作指引》中，有关“校园暴力”的分册指出，校园暴力的形成原因比较复杂，在不同地区、不同文化中有其形成的特殊“土壤”，但基本上可以归结为个人、家庭、社会三个层面：个人层面，对暴力行为的错误认识态度、较差的交流沟通能力、药物滥用和酗酒、目睹暴力或长期备受欺负是暴力行为的促成原因；家庭层面，缺少父母关爱支持、目睹家庭暴力、遭受体罚和虐待及父母或兄弟参与犯罪行为都是校园暴力行为的可能原因；社会层面，经济因素、社会因素也与促成校园暴力发生有关，包括城市化进程、人口拥挤、种族差异、快速的经济发展和高失业率、媒体宣传的影响、支持暴力行为的社会认知等。[①]根据《世界卫生组织健康促进学校项目系列工作指引》的建议[②]，笔者将影响校园欺凌发生的因素分为个人因素、家庭因素、心理因素三类进行分析。

1. 个人因素

儿童青少年经常会因相貌上的一些特殊之处而成为被欺凌的对象，例如，肥胖、过重、瘦小或特殊体型；外观上的特征如身体上有胎记符号；衣着不洁、汗腺分泌旺盛有体味；体能差、活动困难、运动笨拙。另外，青少年对自己的主观感受也可能是导致被嘲弄、欺凌的影响因素，如对自己的相貌、体型的消极评价；瘦矮、肥胖印象固化而导致身体心像偏差；肥胖导致的高血压、高血糖及代谢不良症候群等都是前置因素。笔者结合自己的校园生活经历提出以下研究假设。

研究假设 1A：中学生遭受欺凌与其性别有关联；

研究假设 1B：中学生遭受欺凌与其相貌自评有关联；

研究假设 2A：中学生实施欺凌与其性别有关联；

研究假设 2B：中学生实施欺凌与其相貌自评有关联。

张文新的研究表明，班级内男性朋友数量、班级外朋友数量与欺负行为呈

---

① 史慧静. 基于社会生态学理论的反校园欺负综合干预策略研究[J]. 中国学校卫生，2015，(2)：165-169.

② World Health Organnization. Violence prevention: An important element of a Health promoting school. WHO information series on school health[EB/OL]. [2013-10-25].http://www.nzdl.org/gsdlmod?e=d-00000-00---off-0cdl--00-0----0-10-0---0---0direct-10 ---4-------0-0l--11-zh-50---20-help---10-0-1-00-0--4----0-0-11-10-0gbk-00&cl=CL1.113&d=HASH8ab159240253699355e181.1&gc=1.

显著的正相关；班级内女性朋友数量与欺负行为呈显著的负相关；孤立者相比于非孤立者会更多地遭受欺负和实施欺负行为。笔者根据张文新的研究结论和 X 学校任课老师反映的情况，还提出以下研究假设。

研究假设 3：中学生遭受欺凌与其在校好朋友数量有关联；

研究假设 4：中学生实施欺凌与其在校好朋友数量有关联。

2. 心理因素

陈世平在《小学儿童欺负行为与个性特点和心理问题倾向的关系》一文中指出，实施欺凌的学生在心理问题倾向上更多地表现出冲动倾向、学业困难和师生关系紧张等问题，遭受欺凌的同学更多地表现出孤独倾向、缺乏自信、学业困难和同伴关系紧张等问题，[①]由此笔者提出以下研究假设。

研究假设 5A：中学生遭受欺凌与其心理状态有关联；

研究假设 5B：中学生实施欺凌与其心理状态有关联；

研究假设 5C：中学生遭受欺凌与其在校学习成绩有关联；

研究假设 5D：中学生遭受欺凌与其对学校的情感的积极与否有关联。

3. 家庭因素

家庭关系对儿童形成积极的同伴交往技能有重要影响。通过家庭生活，儿童开始初步社会化，学习人际交往、互动的技巧。亲子关系，包括父母与孩子之间、兄弟姐妹之间的关系，亲子关系会影响到学生在学校的人际交往。董会芹、张文新指出，与母亲关系亲密、与父亲关系疏远的男孩更容易遭受欺凌；对母亲持消极态度的女孩更容易卷入欺凌事件。[②]由此笔者提出以下研究假设：

研究假设 6：亲子关系对中学生遭受欺凌具有影响，亲子关系包括 5 个自变量，分别是中学生与父亲关系、中学生与母亲关系、中学生与父亲沟通情况、中学生与母亲沟通情况、中学生父母是否离异；

研究假设 7：亲子关系对中学生实施欺凌具有影响，亲子关系包括五个自

---

① 陈世平. 小学儿童欺负行为与个性特点和心理问题倾向的关系[J]. 心理学探新，2003，（1）：55-58.

② 董会芹，张文新. 家庭对儿童欺负受欺负的影响[J]. 山东师范大学学报（人文社会科学版），2005，（3）：127-131.

变量，分别是中学生与父亲关系、中学生与母亲关系、中学生与父亲沟通情况、中学生与母亲沟通情况、中学生父母是否离异。

根据社会支持理论，Morgan 和 Hirosima 认为代际支持是指家庭内部父代与子代或者子孙代之间的一种资源代际流动，这种资源包括社会财富等经济资源及劳务等非经济资源。[①]客观来说，社会支持较多的中学生的物质及精神世界相对丰富，而社会支持尤其是经济支持较少的中学生的物质及精神世界相对贫乏，容易“失势”，成为边缘学生，因而容易成为欺凌者的目标。由此笔者提出以下研究假设。

研究假设 8：中学生遭受欺凌与家庭经济条件有关联；

研究假设 9：中学生实施欺凌与家庭经济条件有关联。

（四）概念操作化

1. 自变量

在综合以往研究的基础上，结合本次研究的实际情况，笔者将研究的自变量分为三大方面 13 个具体变量，分别是个人因素（身高、体重、相貌自评、在校好朋友数量、成绩排名）、心理因素（心理状态自评、喜欢学校程度）和家庭因素（家庭经济状况、与母亲沟通情况、与父亲沟通情况、与母亲关系、与父亲关系，是否来自单亲家庭）。具体测量方法如下。

相貌自评：问题为“你对自己的相貌评价如何”，将选项“很难看”赋值为 1，“不太好看”赋值为 2，“一般”赋值为 3，“好看”赋值为 4。

在校好朋友数量：问题为“你在学校里有多少个好朋友”，将选项“1 个也没有”赋值为 1，“有 1 个”赋值为 2，“有 2—4 个”赋值为 3，“有 5 个以上”赋值为 4。

成绩排名：问题为“你的成绩通常在班级中处于什么位置”，将选项“后十名”赋值为 1，“前十名和后十名之间”赋值为 2，“前十名”赋值为 3。

心理状态自评：问题为“你目前的心理状态是什么”，将选项“感到迷茫”

① Morgan P S, Hirosima K . The Persistence of Extended Family Residence in Japan[J]. *American Sociological Review*, 1983, （48）: 269-281.

赋值为 1，“学习压力大”赋值为 2，“时好时坏，有的时候不能控制自己的情绪”赋值为 3，“一般，心情比较平稳”赋值为 4，“很快乐充满希望”赋值为 5。

喜欢学校程度：问题为“你喜欢自己的学校吗”，将选项“我非常不喜欢我的学校”赋值为 1，“我不喜欢我的学校”赋值为 2，“我不喜欢也不讨厌我的学校”赋值为 3，“我喜欢我的学校”赋值为 4，“我非常喜欢我的学校”赋值为 5。

与母亲沟通情况：问题为“你与你的母亲经常沟通吗”，将选项“我与母亲几乎不怎么沟通”赋值为 1，“我与母亲很少沟通，平时沟通仅限于学习方面”赋值为 2，“我与母亲沟通较多，但是有些话题我不会与母亲交谈（如交友、情感等）”赋值为 3，“我与母亲经常沟通，我们之间无话不谈”赋值为 4。

与父亲沟通情况：问题为“你与你的父亲经常沟通吗”，将选项“我与父亲几乎不怎么沟通”赋值为 1，“我与父亲很少沟通，平时沟通仅限于学习方面”赋值为 2，“我与父亲沟通较多，但是有些话题我不会与父亲交谈（如交友、情感等）”赋值为 3，“我与父亲经常沟通，我们之间无话不谈”赋值为 4。

与母亲关系：问题为“你与母亲关系怎么样”，将选项“我们之间关系很差，经常产生矛盾”赋值为 1，“我们之间的关系一般，偶尔会产生矛盾”赋值为 2，“我们的关系比较好，一般不会产生矛盾”赋值为 3，“我们的关系非常融洽，就像朋友一样”赋值为 4。

与父亲关系：问题为“你与父亲关系怎么样”，将选项“我们之间关系很差，经常产生矛盾”赋值为 1，“我们之间的关系一般，偶尔会产生矛盾”赋值为 2，“我们的关系比较好，一般不会产生矛盾”赋值为 3，“我们的关系非常融洽，就像朋友一样”赋值为 4。

家庭经济状况：问题为“你认为你的家庭经济状况如何”，将选项“家庭负债累累”赋值为 1，“家庭收入维持学习和生活有很大困难”赋值为 2，“家庭收入维持学习和生活有一定困难”赋值为 3，“家庭收入能维持基本开支”赋值为 4，“家庭收支有一定盈余”赋值为 5，“家庭经济条件比较好”赋值为 6。

是否来自单亲家庭：问题为“你的家庭是单亲家庭吗”，将选项“是”赋值为 1，“否”赋值为 0。

2. 因变量

在“校园欺凌”现象中，主要存在四种人物角色：欺凌者、被欺凌者、既被欺凌也欺凌别人者、旁观者；包含两种主要行为结果，即遭受欺凌与实施欺凌，因此本次研究的因变量为遭受欺凌与实施欺凌。

遭受欺凌：被调查者如果在本学年（2015 年 9 月—2016 年 5 月）遭受过七种欺凌类型中的任意一种欺凌，并且被欺凌过一次以上（包括一次）即为遭受过欺凌。问题为“本学年你遭受过上文提到的欺凌吗”，将选项“是”赋值为 1，“否”赋值为 0。

实施欺凌：被调查者如果在本学年（2015 年 9 月—2016 年 5 月）实施过一次以上的欺凌行为（七种欺凌行为中的任意一种）即为实施过欺凌。问题为“本学年你实施过上文提到的欺凌行为吗”，将选项“是”赋值为 1，“否”赋值为 0。

（五）调查问卷设计

经过前期的文献搜集与整理，笔者在参考 Dan Olweus 的欺凌问卷（小学版）、贺岚的关于我国中学校园女孩欺凌问题的调查问卷及专业问卷网站问卷星发布的校园欺凌问卷的基础上，采用了张文新、纪林芹等的《中小学生的欺负问题与干预》一书中关于编制校园欺凌问卷的一些建议①，再结合本次研究问题，最终于 2016 年 4 月 2 日形成了中学校园欺凌问卷的雏形。

本着“熟悉问题在前，生疏问题在后”的问卷设计原则，问卷中问题的展开顺序是：个人信息、心理状态、亲子关系、家庭代际支持、受欺凌经历、欺凌产生的影响、实施欺凌经历、应对欺凌方式、学校管理措施及一个开放性问题，共 35 个问题。其间，笔者修正了部分问题，形成了中学校园欺凌试调查版，在学校发放了 30 份调查问卷，根据被调查者的反馈对问卷进行修改，形成中学校园欺凌调查问卷最终版，并实施了问卷的发放与收集工作。

---

① 在《中小学生的欺负问题与干预》一书中，对于自己编制校园欺凌问卷，作者提出了问卷应涵盖的 6 个基本问题，分别是学生欺负（或受欺负）的次数、学生欺负（或受欺负）的类型、学生如何认识欺负、是否告诉过别人他受到了欺负、欺负发生的地点和学生是否采取了一定的措施来预防欺负。

三、X中学校园欺凌现状

（一）校园欺凌的发生现状

调查问卷中有一组遭受校园欺凌经历问题，其中共有7道题，只要学生遭受过其中一种以上（包括一种）的校园欺凌行为，就计为曾遭受过校园欺凌，只要被调查学生实施过7种校园欺凌中的任何1种（包括1种）就计为有实施校园欺凌的经历。

通过SPSS19.0对问卷数据进行频次统计发现，有一半以上的学生曾遭受过不同程度、不同类型的欺凌（表1），表明校园欺凌在X中学是一种比较常见的现象；实施欺凌的发生率是9.4%（表2）。实施欺凌和遭受欺凌的发生率差别如此之大的原因有两个：第一，接受调查的学生担心会受到学校规章制度的惩罚，所以隐瞒了一部分实施欺凌的经历；第二，有的学生的欺凌行为可能不止一名受害者，而且欺凌者通常采用不同的方式来实施欺凌，所以就会产生受欺凌者多于欺凌者的结果。

表1　X中学学生遭受欺凌的发生情况汇总表

项目	频次	百分比/%
遭受过欺凌	375	67.4
未遭受过欺凌	181	32.6
合计	556	100.0

表2　X中学学生实施欺凌的发生情况

项目	频次	百分比/%
未曾实施过欺凌	504	90.6
实施过1、2次	36	6.5
实施过5、6次	7	1.3
实施过很多次，自己也记不清楚了	9	1.6
合计	556	100.0

问卷中“你曾在以下哪个地方受到过欺凌”一题是多选题，考虑到了有些

同学在学校的不同地点受到欺凌的可能性。结果显示，在 11 种地点中，校内被选的次数相对较多（表 3）。通过笔者观察，“学校其他地方”可能包括学生宿舍、学生公共浴室、学生超市和学校教学楼三楼、四楼阳台等地。

表 3　X 中学欺凌主要发生地点

欺凌发生地点	频次	百分比/%
操场或者体育场（课间、课后）	13	7.3
学校走廊或者过道上	8	4.5
教室（老师在场）	13	7.3
教室（老师不在场）	20	11.2
卫生间	13	7.3
食堂	9	5.0
前往或者离开学校的路上	9	5.0
自行车或者电动车停车棚里	3	1.7
学校北边的树林里	3	1.7
学校其他地方	7	3.9
记不清楚了	81	45.3
合计	179	100.0

（二）校园欺凌主要类型的发生情况

进一步整理结果后发现，在 2015—2016 学年中，整体上遭受言语欺凌的发生率是 56.1%，遭受关系欺凌的发生率是 26.1%，遭受身体欺凌的发生率是 20.7%，遭受财物损失欺凌的发生率是 28.3%，遭受胁迫而跑腿的发生率是 11.3%，遭受性欺凌的发生率是 19.7%，遭受网络欺凌的发生率是 8.9%（表 4）。随着网络通信技术的发展和智能手机的普及，网络欺凌逐渐出现，因其发生的超时间和超空间性，给遭受网络欺凌的学生带来的伤害更加持久。X 中学遭受网络欺凌的发生率是 8.9%，比起其他类型的调查，这个比例不是很高，但同样应该引起学校和家长的注意，应严格限制在校生的上网时间和使用手机的时间。

表 4 2015—2016 学年 X 中学学生遭受各类欺凌的发生情况汇总

变量	选项	频次	百分比/%
遭受言语欺凌	本学年遇到 1、2 次	212	38.1
	每个月都会遇到 2、3 次	39	7.0
	每周都会遇到 1 次	22	4.0
	每周都会遇到 2、3 次	39	7.0
	从来没有	244	43.9
遭受关系欺凌	本学年遇到 1、2 次	110	19.8
	每个月都会遇到 2、3 次	14	2.5
	每周都会遇到 1 次	7	1.3
	每周都会遇到 2、3 次	14	2.5
	从来没有	411	73.9
遭受身体欺凌	本学年遇到 1、2 次	70	12.6
	每个月都会遇到 2、3 次	10	1.8
	每周都会遇到 1 次	8	1.4
	每周都会遇到 2、3 次	27	4.9
	从来没有	441	79.3
遭受财物损失欺凌	本学年遇到 1、2 次	120	21.6
	每个月都会遇到 2、3 次	15	2.7
	每周都会遇到 1 次	5	0.9
	每周都会遇到 2、3 次	17	3.1
	从来没有	399	71.7
遭受胁迫而跑腿	本学年遇到 1、2 次	37	6.7
	每个月都会遇到 2、3 次	6	1.1
	每周都会遇到 1 次	7	1.3
	每周都会遇到 2、3 次	12	2.2
	从来没有	494	88.7
遭受性欺凌	本学年遇到 1、2 次	83	14.9
	每个月都会遇到 2、3 次	8	1.4
	每周都会遇到 1 次	6	1.1
	每周都会遇到 2、3 次	13	2.3
	从来没有	446	80.3

续表

变量	选项	频次	百分比/%
遭受网络欺凌	本学年遇到1、2次	39	7.0
	每个月都会遇到2、3次	3	0.5
	每周都会遇到1次	4	0.7
	每周都会遇到2、3次	4	0.7
	从来没有	506	91.1

（三）校园欺凌的性别差异

在分析校园欺凌的性别差异时，笔者将“性别”变量作为自变量（在SPSS数据处理过程中，在“性别”变量下将“女”赋值为0，将“男”赋值为1），将“遭受言语欺凌”“遭受关系欺凌”“遭受身体欺凌”“遭受财物损失欺凌”“遭受胁迫而跑腿”“遭受性欺凌”“遭受网络欺凌”七个变量作为因变量进行卡方分析。表5是X中学不同性别的学生遭受各类欺凌的比较分析结果，从中可以发现，这七种校园欺凌类型在每个频次段上都是男生高于女生。表6是X中学不同性别中学生遭受各类欺凌的统计显著性检验统计量表，从中可以发现，性别与遭受言语欺凌的显著性概率值 $p=0.002<0.05$，达到了显著水平；性别与遭受关系欺凌的显著性概率值 $p=0.005<0.05$，达到了显著性水平；性别与遭受身体欺凌的显著性概率值 $p=0.007<0.05$，达到了显著性水平，即X中学学生在遭受言语欺凌、关系欺凌、身体欺凌上存在显著的性别差异，男生遭受这三类欺凌的频率远远高于女生。

表5　X中学不同性别的学生遭受各类欺凌的比较

性别	频次					
	本学年遇到1、2次	每个月都会遇到2、3次	每周都会遇到1次	每周都会遇到2、3次	从来没有	合计
不同性别中学生遭受言语欺凌情况的统计量						
女	101	12	5	14	132	264
男	111	27	17	25	111	291
合计	212	39	22	39	243	555
不同性别中学生遭受关系欺凌情况的统计量						
女	44	2	1	6	212	265
男	67	12	6	8	198	291
合计	111	14	7	14	410	556

续表

性别	频次					
	本学年遇到 1、2 次	每个月都会遇到 2、3 次	每周都会遇到 1 次	每周都会遇到 2、3 次	从来没有	合计
不同性别中学生遭受身体欺凌情况的统计量						
女	25	1	2	12	225	265
男	46	9	6	15	215	291
合计	71	10	8	27	440	556
不同性别中学生遭受财物损失情况的统计量						
女	48	6	1	8	202	265
男	72	9	4	9	197	291
合计	120	15	5	17	399	556
不同性别中学生遭受胁迫而跑腿情况的统计量						
女	13	2	3	5	242	265
男	24	4	4	7	252	291
合计	37	6	7	12	494	556
不同性别中学遭受性欺凌情况的统计量						
女	35	1	2	7	220	265
男	48	7	4	6	226	291
合计	83	8	6	13	446	556
不同性别中学遭受网络欺凌情况的统计量						
女	15	1	1	1	247	265
男	24	2	3	3	259	291
合计	39	3	4	4	506	556

注：样本数为缺失值样本数；“不同性别中学生遭受言语欺凌情况的统计量”一项中，男生总数合计为 555 人，是因有一人在这一问题上未作答

表 6　X 中学不同性别中学生遭受各类欺凌的显著性检验统计量

项目	维度	值	*df*	*p*（双侧）
性别×遭受言语欺凌	Pearson χ^2	16.429[a]	4	0.002*
	似然比	16.957	4	0.002
	线性和线性组合	2.520	1	0.112
性别×遭受关系欺凌	Pearson χ^2	15.061[a]	4	0.005*
	似然比	16.236	4	0.003
	线性和线性组合	8.236	1	0.004
性别×遭受身体欺凌	Pearson χ^2	13.987[a]	4	0.007*

续表

项目	维度	值	df	p（双侧）
	似然比	15.104	4	0.004
	线性和线性组合	9.917	1	0.002
	Pearson χ^2	6.119[a]	4	0.190
性别×遭受财物损失	似然比	6.269	4	0.180
	线性和线性组合	4.813	1	0.028
	Pearson χ^2	3.407[a]	4	0.492
性别×遭受胁迫而跑腿	似然比	3.464	4	0.483
	线性和线性组合	3.272	1	0.070
	Pearson χ^2	6.158[a]	4	0.188
性别×遭受性欺凌	似然比	6.728	4	0.151
	线性和线性组合	2.591	1	0.107
	Pearson χ^2	3.487[a]	4	0.480
性别×遭受网络欺凌	似然比	3.597	4	0.463
	线性和线性组合	2.195	1	0.138

注：a 表示调整系数

*p<0.05

通过以上的统计分析发现，虽然除了遭受言语欺凌、关系欺凌之外的其他五种类型欺凌没有通过卡方显著性检验，但对表 6 进行观察可以发现所有欺凌类型中都是男生遭受欺凌的发生率高于女生，因此，X 中学的校园欺凌存在性别差异，男生遭受各种类型欺凌的比率高于女生。这和 Whitney 与 Smith 及张文新的研究结果相同，面对欺凌问题时应给予男生更多的关注与支持。

（四）校园欺凌的年级差异

分析校园欺凌的年级差异时，笔者将“年级”变量作为自变量（SPSS 数据处理过程中，在“年级”变量下将“高一年级”赋值为 0、“高二年级”赋值为 1、“高三年级”赋值为 2），将“遭受言语欺凌”“遭受关系欺凌”“遭受身体欺凌”“遭受财物损失欺凌”“遭受胁迫而跑腿”“遭受性欺凌”“遭受网络欺凌”七个变量作为因变量进行卡方分析，结果见表 7。

表 7　X 中学不同年级中学生遭受校园欺凌显著性检验统计量

项目	维度	值	*df*	*p*（双侧）
年级×遭受言语欺凌	Pearson χ^2	20.479[a]	8	0.009*
	似然比	20.857	8	0.008
	线性和线性组合	7.530	1	0.006
年级×遭受关系欺凌	Pearson χ^2	11.465[a]	8	0.177
	似然比	11.140	8	0.194
	线性和线性组合	3.033	1	0.082
年级×遭受身体欺凌	Pearson χ^2	15.625[a]	8	0.048*
	似然比	17.190	8	0.028
	线性和线性组合	0.309	1	0.578
年级×遭受财物损失欺凌	Pearson χ^2	14.807[a]	8	0.063
	似然比	15.976	8	0.043
	线性和线性组合	.050	1	0.823
年级×遭受胁迫而跑腿	Pearson χ^2	21.295[a]	8	0.006*
	似然比	22.323	8	0.004
	线性和线性组合	2.196	1	0.138
年级×遭受性欺凌	Pearson χ^2	11.808[a]	8	0.160
	似然比	12.929	8	0.114
	线性和线性组合	0.687	1	0.407
年级×遭受网络欺凌	Pearson χ^2	13.725[a]	8	0.089
	似然比	16.264	8	0.039
	线性和线性组合	0.935	1	0.333

注：a 表示调整系数

*$p<0.05$

由表 7 可以看出，年级与遭受言语欺凌的显著性概率值 p=0.009<0.05，达到了显著性水平；年级与遭受身体欺凌的显著性概率值 p=0.048<0.05，达到了显著性水平；年级与遭受胁迫而跑腿的显著性概率值 p=0.006<0.05，达到了显著性水平，即 X 中学不同年级的学生遭受言语欺凌、遭受身体欺凌、遭受胁迫而跑腿间存在明显的年级差异，高三年级这三类校园欺凌的发生率要高于其他两个年级。

通过以上统计分析可以发现，高一年级遭受财物损失、遭受性欺凌、遭受网络欺凌的发生率是三个年级中最高的，原因可能是高一年级学生入学时间不长，对学校管理的规章制度还不是特别熟悉和了解，因而财物被毁坏、丢失的事件较多。此外，高一年级学生的学业任务较为轻松，学生上网的时间较多，而多项研究表明，上网时间越长，遭受网络欺凌的可能性就越大，因此高一年级学生遭受网络欺凌的发生率最高。高三年级遭受胁迫而跑腿、遭受身体欺凌、遭受言语欺凌的发生率相较于其他两个年级来说是最高的，笔者认为出现这个现象的原因是高三年级学生的学习压力较大，很多学生存在一定的心理失调情况，而心理状态的不好往往会导欺凌的发生，另外，高三年级中部分成绩差的学生可能产生自暴自弃的心理，而学业上的失意往往也会导致欺凌的发生。

（五）校园欺凌的主要后果

调查问卷中有一道题目是“你认为校园欺凌可能造成什么样的后果”，选项设置为多选题，经过统计后发现，被调查的学生中绝大部分都赞同选项中所列出的可能出现的后果，但实际上，校园欺凌带来的不良后果远远不止这些（表 8）。

表 8　校园欺凌可能带来的后果统计表

变量	选项	频次
导致自卑等不良情绪	同意	548
	不同意	8
导致自残甚至自杀	同意	548
	不同意	8
受欺凌者可能会报复社会	同意	548
	不同意	8
使欺凌者更嚣张	同意	547
	不同意	9
欺凌可能发展为暴力行为	同意	548
	不同意	8
使校园氛围恶化	同意	548
	不同意	8

1. 对“被欺凌者”的影响

校园欺凌事件的双方存在力量上的差异，欺凌者相较于被欺凌者，要么体力上占优势，要么精神力量更强大，有些情况下是两者兼备。被欺凌的学生因其本来在体力上或精神力量上有相对薄弱的地方，在遭受欺凌后会加深对自身某些方面薄弱感的体验，他们会产生更多的不良情绪，会更加的自卑、内向，这种不良情绪如果得不到有效的排解、释放，可能会导致被欺凌者产生自残甚至自杀的行为，也有可能产生一些报复社会的行为，如故意破坏公共财物等。校园欺凌研究的主要发起人之一 Dan Olweus 教授的研究就源于当时挪威有 3 名学生因不堪被同学欺凌而自杀的恶性事件，而校园欺凌致使学生自杀的事例绝不仅是这几起，2016 年在搜索引擎上输入“校园欺凌自杀”关键字，会出现 16 782 个结果，其中有发生在中国的，也有发生在外国的，可见校园欺凌有可能致使学生自杀。调研地附近的乌海市某中学的初二男生在学校经常遭到同学的踢打，就在笔者于 2016 年结束实地调查后不久，该男生在学校又一次遭到欺凌后中午放学回家选择用一条哈达结束了自己的生命，年轻的生命还未绽放就已凋零，多么令人惋惜。

校园欺凌给被欺凌者带来更明显的不良后果是对其学业适应的消极影响。学业适应是指学生表现出的与学习有关的态度和能力，包括对学习的态度、学习能力及对待学校的态度。[①]受欺凌经历与学业适应之间有着复杂的动态关系。根据以往的调查，学生成绩差、学习能力低，对学校持消极态度的学生容易成为欺凌者的目标，而他们被欺凌的经历往往会使这些学生更加讨厌学校、讨厌学习，尤其是在幼儿园、小学阶段，学生还不具备完全的认知能力，他们会将被欺凌归因于上学，因而被欺凌的学生很多会产生厌学情绪，甚至逃课、逃学。在此有两点需要注意，一是欺凌事件中应该注意的是“比较问题”，被欺凌者往往比欺凌者力量小是这两个人相对而言的，调查中 X 中学二年级某班是年级中排名第二的班级，学生成绩都在年级 100 名之前，但是这个班级同样存在欺凌现象，就是因为在班级内部竞争中同样存在学习相对差的学生，而客观来说，这个学生的学习并不差，只是与班里成绩更好

① 张文新，纪林芹，等. 中小学生的欺负问题与干预[M]. 济南：山东人民出版社，2006：8-9.

的同学比他是处于劣势的；二是被欺凌经历一般是通过使被欺凌的学生产生不良情绪，这些不良情绪使学生无法集中注意力学习知识这样的路径来影响学生的学业适应的。

2. 对实施欺凌者的影响

很多时候，人们通常会认为欺凌者是欺凌事件中的“受益人”，一些欺凌者甚至可以通过欺凌其他同学在同伴群体中树立威信，从而拥有一定数量的“追随者”或者“小弟”，其实不然，从长远来说，欺凌经历同样给欺凌者带来了不良影响。与遭受欺凌的学生一样，实施欺凌的学生同样也面临着学业适应的问题。实施欺凌的学生中有相当大的一部分学生学习成绩差、纪律性差，对学校持有消极的情绪。许多研究表明，相对于没有卷入欺凌事件的学生，欺凌者的学习成绩和学业能力较低，有较高的学习焦虑和更多的学习问题。此外，因为这些学生经常性地出现违规行为，容易与教师或学校管理人员产生摩擦和冲突，造成师生之间的疏离感，使之更加厌恶学校的约束，厌恶学习，产生叛逆心理，因而学业成绩继续下降，欺凌者的学业成绩陷入这样一个恶性循环中。除了对学业适应的不良影响外，校园欺凌经历对欺凌者的人格发展也会产生消极的影响。欺凌者一般会重复自己对他们的欺凌行为，欺凌别人带来的精神上的满足与快感被重复加强，逐渐固化成为欺凌者的处事方式，有追踪研究表明，中学时代的欺凌者成年之后的犯罪率比普通人高出四倍。

3. 对学校环境的影响

问卷中“你认为校园欺凌可能造成什么样的后果”一题的选项提到校园欺凌可能使学校氛围恶化，这个选项得到了大多数被调查对象的认同。其一，校园欺凌事件会削弱在校学生的安全感，尤其是那些遭受欺凌和目睹欺凌发生的学生，他们会认为学校环境是不安全的，自身的一些基本权利容易受到侵犯；其二，如果校园欺凌中的欺凌者没有受到惩罚或者受到的惩罚轻于校规中规定的惩罚，那么这会在一定程度上鼓励欺凌者继续实施欺凌，因而会有更多的欺凌，和谐的校园氛围被继续破坏；其三，校园欺凌的持续发生会给外界造成一种刻板印象，如“这个学校很乱”“某学校管理很差”，而这一刻板印象在无意识中便成为校园欺凌发生的温床。

（六）教师应对态度

X中学语文任课老师H几年前在一次上课过程中曾遇到学生打架事件。一名同学拿起板凳冲向另一名学生时，因为之前没有遇到过这样的突发状况，所以当时H老师是有点发懵的，等反应过来，H老师担心起冲突的两位男同学的安全便上去拉架。H老师身材瘦小，当时那个班的班长担心起冲突的两位同学误伤H老师（H老师前几年做过心脏手术，健康状况不是特别好），便将H老师拉开。被拉开的H老师便赶忙叫班里其他同学去找政教处老师来平息纠纷并处理此事。

Y老师是当时高三年级体育特长班的班主任。Y老师的班级上也曾有一些欺凌事件的发生，一般多以言语欺凌为主，当了解到欺凌的发生后，Y老师的处理方式是将这些同学叫在一起，让这几个同学能够进行充分的交流沟通。有些时候Y老师还会主动给参与事件的同学说明对方的情况，避免因误会而继续产生纠纷。Y老师表示，高中阶段的学生心智还是比较成熟的，当一些误会和矛盾解开之后，学生之间的沟通和交往还是很融洽的。

而政教处S老师在处理校园欺凌事件时，首先是平息同学间的纠纷，而后按照《X中学学生行为规范》和《X中学惩戒教育制度》对违规的学生进行惩罚。与此同时，如果纠纷中涉及伤害问题，首要的便是送受伤的同学前往诊所或医院进行治疗，然后协调双方家长进行经济赔偿，如果这个过程中双方家长的意见未达成一致，那么学校会将此事交由当学校所在辖区的派出所来处理。

P：“在您以往的教学工作中，有没有遇到过学生欺凌的事情？您都是怎么处理的？”

H：“我想一下哦。（想了一会儿后）好像就是聊天，聊着聊着两个人中突然有一个男生举起凳子，另一个男生也冲过来了，两个人还不是紧挨着呢，说着说着就开始起冲突了，之后拿着凳子就砸。

当时我也慌了，然后其他同学一开始是在看，不管，后来我说大家赶紧把他们拉开呀，还不砸坏了！我就赶紧冲上去拉架，然后那个班长看见（就说）：‘老师你快过来，你那么瘦小，会把你砸坏呀！’然后我说那赶紧去找政教处的，后来政教处老师过来，把那两个学生叫到了政教处，后来对他们进行停课反省，其中一个男生因为那场事件，最后就不念书了，另一个被开除了。”

S：“像这种出现了伤害问题，那咱们就是首先把双方家长叫过来，和家长沟通、协商，然后先给受伤的这个同学看病，看完病了以后，咱们就严格按照学校的规章制度来处理。如果出现经济纠纷方面的问题，我们协商后若双方家长都不愿意，那么我们只好交给咱们西城派出所，通过法律手段进行处理。”

Y：“出现上述情况还有一种原因，主要是好多同学都不太了解对方的一些情况，其实他们要是真正了解的话，比如知道对方是单亲，或是跟爷爷、奶奶一起生活，抑或父母离异等，这种现象就会好很多。”

P：“哦，一般有这种情况的话您会不会出来干预？”

Y：“嗯，一般出现这种情况我都会及时把他们叫到一起，沟通一下，甚至把这个学生的一些情况给他们说明一下，就避免了一些误会。”

X中学教师面对校园欺凌事件的处理思路是：先由发现的教师或班主任平息学生之间的冲突，如果未果，则报由学校政教处专职工作人员处理；如若情节较为严重，则由校方组织双方家长沟通解决；若双方家长沟通后达不成一致的认识，则报由辖区派出所解决。

（七）学校管理措施

笔者通过在X中学进行田野调查发现，X中学为了确保师生安全，采取了许多措施来预防和处理校园中可能出现的突发事件，校园暴力和校园欺凌就包括于其中。

X中学在职能机构上设置了由学校党委书记直接领导的政教处来专门负责学校的德育工作。政教处负责的十几项工作任务中，“制定并执行学校学生行为规范，树立学生正确舆论，树立校级学生先进典型，组织评选各类学生先进集体与先进个人工作，负责做好有严重违纪行为学生的思想教育工作并向上级提出处理意见”这一项为德育工作任务中的重中之重，旨在学生中树立优秀典范并纠正学生的违规行为。目前，X中学的政教处设有政教主任一名，副主任一名，政教工作专职教师一名。在班级层面上，班主任主要负责德育工作的开展，任课教师起辅助作用。据政教处主任S老师说，每次学校的例会中都会强调相关方面的一些内容，确保将德育工作落实到日常管理与教学中。此外，X中学还开设了学生心理健康辅导中心，帮助学生处理学习与成长中的心理问题。每年秋季新生一入学，学校便开展为期一星期的学生入学教育活动，将学校各项管理规定的内容传达给学生，让学生了解哪些行为是正确的，哪些行为是错误的。

P：“咱们学校有没有针对校园欺凌或校园暴力的预防、干预或处理措施？”

Y：“嗯，学校应该有，因为我们有政教处，专门负责学生工作这一块。预防方面，政教处有很好的预案；措施方面，我觉得，我们学校是历史名校，这种措施应该是多年积累下来的，肯定有。”

P：“咱们学校对教师有过这方面的培训吗？”

Y：“政教处应该有，专职的老师也会有，但对任课老师培训得相对较少。”

P：“那咱们学校就是这一块有专职的教师在做？”

Y：“对，德育工作由政教处来负责，政教处的专职管理老师在做。”

S：“对咱们学生实际上也有培训，你可以看到咱们每学年，就是高一新生一入学，有个新生教育入学工作，新生入学教育工作做了后，我们给高一新生发《X中学惩戒教育制度》，之后利用学校的闭路电视让学生进一步学习有关的惩戒教育，校园暴力事件及怎样处理，以及化解危机行为的强有力措施等，都会给学生说一下。”

X 中学设立了校园保卫处来负责学校的治安保卫与管理工作。上课期间及课间和周六日等节假日时间坚决不允许社会上的闲杂人等进入校园，预防社会上的人进入学校实施偷窃学校、学生财物及部分社会闲杂人等进校寻衅滋事。此外，每当 X 中学举办大型的文体活动，如运动会、艺术节等，学校政教处会联系辖区派出所来预防一些突发事件的出现。另外，为确保校园环境绿色、健康，当地政府在当地所有学校附近的主要街道禁止开设网吧、游戏厅、录像厅等。

除此之外，还要提一下 X 中学学生心理健康辅导中心的作用。学生心理健康辅导中心设有专职教师一名，Q 老师（学生心理健康辅导中心专职教师）给高一、高二年级学生开设心理学课程，课上主要是让学生以体验、做游戏为主，通过几大专题版块的讲授与演示，来帮助学生解决面临的一些困扰或心理危机。这些专题包括如何缓解考试焦虑、直面高考、校园中的黑色烦恼、家长不良教育心态对子女心理健康的负面影响、常见的心理问题及自我调节方法等。可以看出，大多数专题是为了缓解学生学习及考试上的压力的。笔者调查的时候，该校学生心理健康辅导中心并没有开设反校园暴力、校园欺凌的专题。2016 年 4 月 28 日，国务院教育督导委员会办公室印发《关于开展校园欺凌专项治理的通知》，6 月底学生心理健康辅导中心的 Q 老师向笔者反馈说该文件已经下发到学校，该文件要求学校抓好反校园欺凌工作，X 中学即开始着手准备这方面的工作。除了授课之外，Q 老师还负责学校学生的心理咨询工作，当笔者问及 2017 年 4 月学生心理健康辅导中心共接待了多少个学生时，Q 老师说大概为 11 个，Q 老师还说心理辅导在当地的接受程度不高，学生出现心理困惑或者心理问题时第一个想到的并不是去学校的学生心理健康辅导中心寻求帮助。Q 老师回忆说前来咨询的学生当中有很大一部分遭受到了“关系欺凌”，他们感受到了来自同学、同伴的排挤所以很苦恼。

总体而言，X 中学基本形成了校园欺凌管理措施体系，每一层都分工明确（图 1）。但是因为学生数量多，相比之专门管理的老师人手有些不够，加上高中阶段学生面临高考，很多时候一些德育宣讲、德育活动没有足够的时间开展。这也是中国大多数高中共同面临的问题。

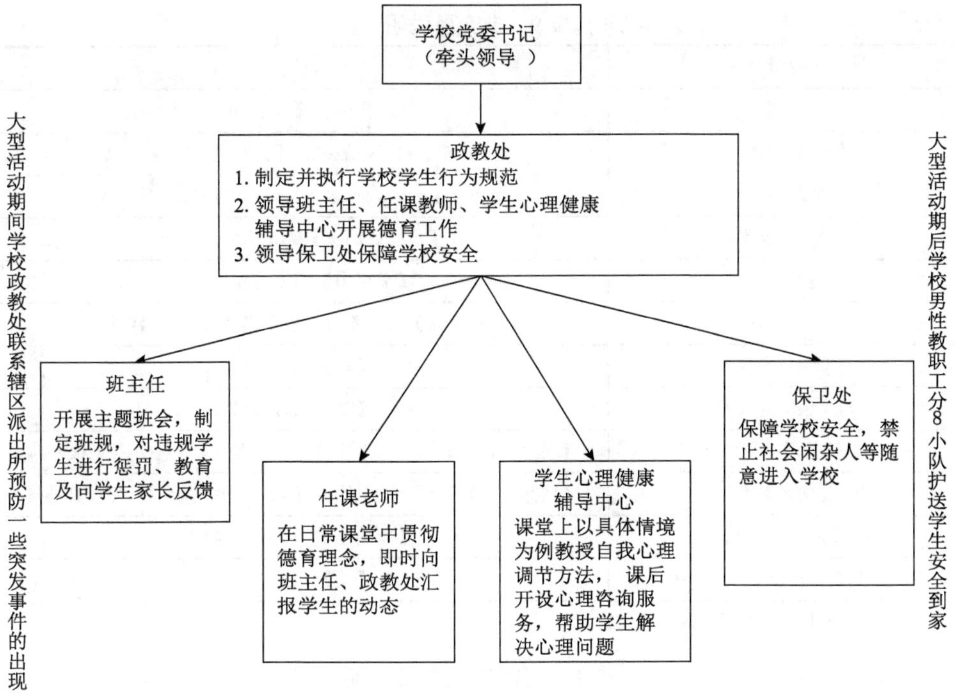

图 1　X 中学校园管理层级图

四、校园欺凌发生的成因分析

（一）相关分析变量说明

根据本文的研究假设，中学生性别、相貌自评、在校好朋友数量、心理状态自评、成绩排名、喜欢学校程度、与母亲沟通情况、与父亲沟通情况、与母亲关系、与父亲关系、家庭经济情况、是否来自单亲家庭这 12 个自变量为影响欺凌发生的自变量（表 9），学生遭受欺凌和实施欺凌为因变量，以是否有受欺凌经历的概率为因变量 Y11，定义有受过欺凌经历为 1，否为 0；以是否有实施欺凌经历的概率为因变量 Y12，定义实施过欺凌经历为 1，否为 0，采用逻辑斯蒂回归进行分析。12 个自变量均为名义变量，不符合逻辑斯蒂回归的要求，为保证分析结果的准确性，必须对原有自变量进行虚拟化处理（表 10）。

表 9　自变量说明

变量	类别
性别	男=1，【女】=0
相貌自评	【好看】=1，一般=2，不太好看=3，难看=4
成绩排名	【前十名】=1，前十名与后十名之间=2，后十名=3
在校好朋友数量	【没有好朋友】=0，有好朋友=1
心理状态自评	【无压力】=1，有压力=2
喜欢学校程度	【喜欢学习】=1，不讨厌也不喜欢=2，讨厌学校=3
与母亲沟通情况	【是】=1，否=2
与父亲沟通情况	【是】=1，否=2
与母亲关系	【关系非常好】=1，关系比较好=2，关系一般=3，关系很差=4
与父亲关系	【关系非常好】=1，关系比较好=2，关系一般=3，关系很差=4
家庭经济状况	【无困难】=1，有困难=2
是否来自单亲家庭	【是】=1，否=2

注：标有【】符号的变量为参照变量

表 10　自变量虚拟化说明

变量	虚拟过程
性别：[男] [女]	[男]：所有 SEX2=1，其他 SEXi=0
相貌自评：[好看] [一般] [不太好看] [难看]	[一般]：WAIMAO1=1，其他 WAIMAOi=0；[不太好看]：WAIMAO2=1，其他 WAIMAOi=0；[难看]：WAIMAO3=1，其他 WAIMAOi=0
成绩排名：[前十名] [前十名与后十名之间] [后十名]	[前十名与后十名之间]：SCCORE1=1，其他 SCOREi=0；[后十名]：SCORE2=1，其他 SCOREi=0
心理状态自评：[无压力] [有压力]	[有压力]：MENTAL1=1，其他 MENTALi=0
喜欢学校程度：[喜欢学校] [不喜欢也不讨厌] [不喜欢学校]	[不喜欢也不讨厌]：SCHOOL1=1，其他 SCHOOLi=0，[不喜欢学校]：SCHOOL2=1，其他 SCHOOLi=0
与母亲沟通情况：[是] [否]	[否]：MOMCON1=1，其他 MOMCONi=0
与父亲沟通情况：[是] [否]	[否]：DADCON1=1，其他 DADCONi=0
与母亲关系：[关系非常好] [关系比较好] [关系一般] [关系很差]	[关系比较好]：RELAMOM1=0，其他 RELAMOMi=0；[关系一般]：RELAMOM2=1，其他 RELAMOMi=0；[关系很差]：RELAMOM3=1，其他 RELAMOMi=0
与父亲关系：[关系非常好] [关系比较好] [关系一般] [关系很差]	[关系比较好]：RELADAD1=0，其他 RELADADi=0；[关系一般]：RELADAD2=1，其他 RELADADi=0；[关系很差]：RELADAD3=1，其他 RELADADi=0
家庭经济状况：[无困难] [有困难]	[有困难]：MONEY1=1，其他 MONEYi=0
是否为单亲家庭：[是] [否]	[否]：SINGAL1=1，其他 SINGALi=0

（二）中学生遭受欺凌的逻辑斯蒂回归分析

运用二元逻辑斯蒂回归分析，以是否有受欺凌经历的概率为因变量定义遭受过欺凌为 1，没有遭受过为 0，将上述选定的 12 个自变量，对样本数据进行逻辑斯蒂回归分析，表 11 为分析结果。

表 11　中学生遭受欺凌的逻辑斯蒂回归分析

变量	*B*	标准误差	瓦尔德	自由度	显著性	Exp（*B*）
相貌自评一般	−0.229	0.230	0.988	1	0.320	0.795
相貌自评不太好看	0.552	0.400	1.903	1	0.168	1.737
相貌自评难看	0.195	0.761	0.066	1	0.798	1.216
前十名与后十名之间	0.268	0.246	1.186	1	0.276	1.308
后十名	0.442	0.334	1.755	1	0.185	1.556
有好朋友	−0.114	0.228	0.251	1	0.617	0.892
不喜欢不讨厌学校	0.667	0.692	0.927	1	0.336	1.947
讨厌学校	−0.229	0.230	0.988	1	0.320	0.795
有心理压力	0.656	0.221	8.822	1	0.003*	1.927
非单亲家庭	0.052	0.410	0.016	1	0.900	1.053
男生	0.438	0.200	4.786	1	0.029*	1.550
家庭经济有困难	−0.414	0.405	1.048	1	0.306	0.661
与母亲不沟通	0.709	0.585	1.470	1	0.225	2.032
与父亲不沟通	−0.415	0.328	1.600	1	0.206	0.661
与母亲关系比较好	0.311	0.254	1.497	1	0.221	1.364
与母亲关系一般	0.424	0.351	1.457	1	0.227	1.527
与父亲关系比较好	0.568	0.257	4.883	1	0.027*	1.765
与父亲关系一般	0.449	0.343	1.711	1	0.191	1.566
与父亲关系很差	2.487	1.088	5.226	1	0.022*	12.027

$^*p<0.05$

观察分析结果，发现“有心理压力”“男生”“与父亲关系比较好”“与父亲关系很差”这四个参数通过显著性检验。“有心理压力”的常数项 *B* 值是 0.656，瓦尔德值是 8.822，*p* 值是 0.003<0.05，显示出了非常高的显著性，即心理压力对中学生遭受欺凌具有正向影响作用，有心理压力的中学生遭受欺凌的发生率是没有心理压力学生遭受欺凌发生率的 1.927 倍，研究假设 5A 得到了验

证。“男生”的常数项 *B* 值是 0.438，瓦尔德值是 4.786，*p* 值是 0.029<0.05，同样表现出了非常高的显著性，即相对于女生遭受欺凌的发生率来说，男生遭受欺凌的发生率是女生的 1.55 倍，研究假设 1A 得到了验证。“与父亲关系比较好”的常数项 *B* 值是 0.568，瓦尔德值是 4.883，*p* 值是 0.027，通过了显著性检验，即相对于那些与父亲关系非常好的中学生来说，与父亲关系比较好的中学生遭受欺凌的发生率是前者的 1.765 倍；“与父亲关系很差”的常数项 *B* 值是 2.487，瓦尔德值是 5.226，*p* 值是 0.022，通过了显著性检验，相对于与父亲关系非常好的中学生来说，与父亲关系差的中学生遭受欺凌的发生率是前者的 12.027 倍，研究假设 6A 得到了验证。

（三）中学生实施欺凌的逻辑斯蒂回归分析

运用二元逻辑斯蒂回归分析，以是否实施过欺凌经历的概率为因变量定义实施过欺凌为 1，没有实施过为 0，将上述选定的 12 个变量作为自变量，对样本数据进行逻辑斯蒂回归分析，表 12 为分析结果。

表 12　中学生实施欺凌的逻辑斯蒂回归分析

变量	*B*	标准误差	瓦尔德	*df*	*p*	Exp（*B*）
相貌自评一般	−0.325	0.351	0.860	1	0.354	0.722
相貌自评不太好看	0.153	0.559	0.075	1	0.784	0.858
相貌自评难看	0.537	0.869	0.381	1	0.537	1.710
前十名与后十名之间	0.132	0.393	0.112	1	0.737	0.877
后十名	0.069	0.487	0.020	1	0.887	1.072
有好朋友	0.403	1.140	0.125	1	0.724	0.668
不喜欢也不讨厌学校	0.142	0.363	0.154	1	0.695	0.867
不喜欢学校	0.278	1.089	0.065	1	0.798	0.757
非单亲家庭	0.938	0.899	1.089	1	0.297	2.554
男生	0.316	0.324	0.950	1	0.330	1.371
家庭经济有困难	0.499	0.772	0.419	1	0.518	0.607
与母亲不沟通	0.189	0.757	0.062	1	0.803	1.208
与父亲不沟通	0.146	0.488	0.090	1	0.765	1.157
与母亲关系比较好	0.627	0.423	2.200	1	0.138	1.872
与母亲关系一般	0.316	0.560	0.318	1	0.573	1.372

续表

变量	B	标准误差	瓦尔德	df	p	Exp（B）
与母亲关系很差	2.130	1.111	3.675	1	0.055	8.417
与父亲关系比较好	−0.316	0.432	0.537	1	0.464	0.729
与父亲关系一般	0.126	0.541	0.054	1	0.816	1.134
与父亲关系很差	−0.190	0.954	0.040	1	0.842	0.827

根据表 12，发现以上参数均未通过显著性检验，即以上自变量对 X 中学实施欺凌的影响作用都不够显著。值得注意的是，“与母亲关系很差”的 p 值是 0.055，这一自变量的 p 值是所有自变量中 p 值的数值最小的，虽然没有通过显著性检验，但是仍然具有借鉴意义，即中学生与其母亲的关系对他实施欺凌他人的行为有一定的影响，与母亲关系越差的学生，越容易欺凌他人。

（四）理论解释

中学校园欺凌实质上是青少年在社会化过程中出现的一种越轨行为。社会化是指个体在与社会互动过程中，逐渐养成独特个性和人格，从生物人转变为社会人，并通过社会化的内化和角色知识的学习，逐渐适应社会生活的过程。社会越轨是社会成员偏离或违反现存规范的行为。中学生作为社会成员，正处于习得社会文化、社会规则，由生物人向社会人转变的重要时期，受生理、心理及社会因素等的影响，在社会化的过程中可能出现一些偏差，产生越轨行为，如本文中的校园欺凌行为。

不论个体社会化的结果如何，它都是多个因素共同作用的产物，这些因素包括生物因素、心理因素、家庭、学校、同龄群体、大众传媒等。笔者在访谈及数据分析过程中发现欺凌事件中欺凌者和遭受欺凌者同时具备多个诱发欺凌的因素，如高三 X 班的一个女生在班级中处于被孤立的状态，鲜有同学愿意与她交流交往，这名女生具有性格自卑而自大、家庭亲情氛围冷漠等特征；访谈中 H 老师反映高三 Y 班一男生经常对同学恶语相向，同学们都不愿意与他交往，这名男生具有性格冷酷、敏感等特征。因此，用多个因素共同作用的视角去理解校园欺凌的发生是较为妥当的。

通过上文的分析，可以发现影响欺凌发生的因素有多个，如性别、年龄、心理状态、与父母亲关系等，这些因素共同对欺凌的发生产生影响，但是家庭因素（本文将家庭因素划为五个维度：与母亲沟通情况、与父亲沟通情况、与母亲关系、与父亲关系、是否来自单亲家庭）对此起主要的影响作用。通过回归分析得知，与父亲关系越差的中学生遭受欺凌的可能性越大，因而，校园欺凌的发生可以从欺凌者和遭受欺凌者的家庭中找到根源。[①]国外的研究也证实，欺凌双方的家庭环境对其成长的影响是负面的，欺凌者的攻击性、冲动性、缺乏同情心等，遭受欺凌者的不安全感、焦虑、低自尊、不成熟的社会交往能力等，都是对其家庭互动模式的模仿和复制，这是失败的家庭教育在儿童、青少年身上的烙印。因此对欺凌的预防与解决，必须寻求家庭、家长的支持与合作。

五、预防及解决措施

本研究表明，欺凌是X中学校园中普遍存在的现象，而这种现象又是多种因素共同作用产生的，绝非只受某一个因素或某几个因素影响，我们需要用一种“社会生态”的视角来理解它。既然校园欺凌是社会、家庭、学校及学生自身的一些因素共同主导，那么对校园欺凌的预防、解决就应该多方合作，共同预防，积极治理。校园是欺凌主要的发生地点，所以对欺凌的预防和解决应以学校为主，家庭社会为辅来开展。

（一）预防措施

为了有效阻止校园欺凌的发生，从20世纪90年代开始，世界上很多国家开展了校园欺凌的干预活动，比如1983—1985年由Dan Olweus在挪威全国范围内展开的学校欺凌问题调查研究和反欺凌运动；1991年起在英国的谢菲尔德、伦敦和利物浦的学校开始实施的欺凌干预方案；张文新等于1999年在山东济南市的一所普通小学里开展的校园欺凌干预实验，美国、西班牙、德国、日本等国家也先后开展过一系列欺凌干预活动，欺凌干预实施一段时间后分别对干预措施进行了评定，美国、德国等地干预活动的后测表明学生遭受欺凌的比

① 苏春景，徐淑慧，杨虎民. 家庭教育视角下中小学校园欺凌成因及对策分析[J]. 中国教育学刊，2016（11）：18-23.

率与干预前相比变化不大，部分地区的报告中甚至出现了比干预前高的欺凌发生率。而 Dan Olweus 在挪威卑尔根地区开展的干预活动收到了很大的成效，干预后卑尔根地区的欺凌发生率和受欺凌发生率都有所下降，且 20 个月后的干预效果好于 8 个月后的干预效果。Dan Olweus 认为，反欺凌方案的目的在于重建学校的环境，消除强化欺凌行为的因素，减少欺凌行为的消极后果，[①]因此，他设计并主持实施的欺凌方案是在学校、班级、学生三个水平上实施的。笔者认为，对校园欺凌的预防应该吸取挪威的成功经验，对学校、班级、学生分别设计不同的预防措施，使三者有机结合，以达到有效预防的效果。

1. 学校

学校应该起到计划上和大局上的领导作用。第一，学校可以组成预防校园欺凌的专门工作小组，主要来负责处理校园欺凌的事务，组内成员最好包括有经验的德育教师、专业的心理辅导教师及学校保卫处的职员。第二，反欺凌工作小组要在学校范围内发放校园欺凌调查问卷，摸清欺凌发生的现状（主要欺凌类型、发生地点、欺凌程度等），依据调查结果在欺凌多发的地方设置数字监控设备。第三，组织开展反校园欺凌的家长会，向家长科普校园欺凌的知识，邀请他们参与进反校园欺凌的活动中，对学生出现的异常状况及时向学校反映。第四，有条件的学校可以配备专业的心理学工作者、青少年社会工作者定时来校指导，协助反欺凌活动的开展。

2. 班级

学生的学业活动、交友活动等主要是在班级范畴中进行的，学校中大部分文体、德育活动也是在这个范畴中开展的，因此班级是预防校园欺凌工作中的关键一环。在班级层面上，首先，班主任应召开校园欺凌的主题班会或讲座，让学生全面了解欺凌行为的危害，传授给学生正确应对欺凌的经验，鼓励那些“潜在的”欺凌旁观者下次遇到欺凌时要勇敢地上前制止。其次，班主任、任课教师之间有必要及时沟通，若发现有异常的学生要提前与其沟通，对其进行说

① Dan Olweus. *Bullying at School-What We Know and What We Can Do*[M]. Cambridge, MA: Blackwell, 1993: 9.

服教育，防止欺凌行为进一步发展。最后，班主任可以根据班级中学生的实际情况组建兴趣小组，增进学生间的了解与沟通，避免学生间因误会和不了解而产生的矛盾和冲突。

3. 学生

中学生面临中考、高考，学业任务重，教师容易忽略这个时期学生的心理需求。中学生渴望被理解与倾听，班主任和任课教师要充分了解中学生的心理，尊重他们，帮助他们形成健全的人格。此外，班主任、政教老师或心理辅导老师不仅要开导那些受到欺凌的学生、实施欺凌的学生，安抚他们的内心，同时还应与他们的家长或监护人沟通，对学生出现的一些不寻常的情况做到及时发现与处理。

（二）应对及解决措施

当面对已经发生了的校园欺凌时，学校管理人员、班主任、受欺凌的学生应该积极、理性地去应对和解决它。学校管理人员可通过数字监控设备、知情的老师、学生了解了具体欺凌事件的经过，之后要客观评估欺凌发生的程度，而后需依照《中华人民共和国未成年人保护法》《中小学生日常行为规范》以及校规等来对实施欺凌的学生进行相应的处理，情节确实恶劣的，必要时可以移交给当地的司法机关来解决。对于一些情节不是很严重但存在受欺凌学生经济利益受损的事件，学校管理人员要及时与双发的家长取得联系，协调双方家长来处理，确保受欺凌学生的正当权益不受损害，以及欺凌别人的学生得到应得的惩罚。在班级层面上，面对班级内部发生的或者是本班同学与其他班同学之间发生的欺凌事件，班主任应该客观地去面对和处理。笔者在对 X 中学学生的访谈过程中发现，学生遇到欺凌后不喜欢寻求老师尤其是本班班主任帮助的原因之一就在学生向老师反映情况时往往得不到老师的重视，通常会被以“大事化小，小事化了”的方法去处理。其他研究者的类似调查中也同样发现了这个问题，但是实际上这种方法不但不能帮助解决学生之间的欺凌，还会减弱其他学生对老师的认同感，使师生关系疏离，而疏离的师生关系反过来又可能造成师生间的不了解和摩擦与冲突。因此，班主任及任课老师发现同学间的欺凌行为时应及时制止，但切忌在全班同学的面前责骂欺凌者，这样过激的处理方式会激起欺凌者的逆反心理，过后他们可能继续实施欺凌。正确的方法是在课后的时间段找实施欺凌的学生和遭受欺凌的学生谈心，使欺凌者认识到自己的错误，同时也要安慰、疏导受欺凌的学生，减轻受欺凌经历对受欺凌学生的心理伤害，从而达到避免欺凌事件的重复发生。在学生层面上，那些受欺凌的学生遇到欺凌后要及时将受欺凌的事情告诉家长或者老师，寻求成年人的帮助，老师和家长要鼓励学生多与他们交流，切莫让受欺凌的学生默默承受苦果。此外，这里有一个学校工作的盲点，就是学校在发现欺凌事件之后会给实施欺凌的学生相应的惩罚，然后在班级内或者全校内做通报批评，这样似乎是解决这一事情了，但忽略了对受欺凌学生的疏导与安慰。笔者在对 X 中学的访谈中发现，有些受欺凌的学生往往会出现一些心理问题，而教师对这些问题的忽略加上他们自身不能很好地处理这种心理问题，最后的结果通常是受欺凌的学生找机会向曾经欺凌他的学生打击报复，使欺凌行为向更远的方向发展。所以笔者认为，学校对欺凌事件中的受欺凌者应该加强重视，安排心理辅导教师或者一些同学与其交流，驱赶受欺凌学生心理上的阴霾，使其能够真正地走出欺凌伤害，阳光地面对学习与生活。

此外，家长要重视对学生优良品质和健全个性的培育与引导，转变以往不合理的家庭教育方式，重视对子女的认知和规则教育，积极与学校配合，形成防控校园欺凌的合力。

所有这些预防和应对解决措施是否有效还取决于一些其他因素，如措施的持续时间。将 Dan Olweus 的干预工作与英国和美国的校园欺凌干预工作效果进行对比发现，校园欺凌的干预措施一般持续一年以上才会收到比较明显的效果。此外，它也受限于干预对象的特征，研究表明教师直接传授反欺凌知识的方法对小学生的效果比较明显，因为小学生对教师权威的认可度高。同样的方法对中学生校园欺凌的干预效果就不是很明显，原因在于中学生对教师权威的认可度较低，他们更容易接受同伴的想法与观点，因此兴趣小组、角色扮演等更适合中学生。另外，预防解决措施的效果也与学校的人力、物力投入有着很大的关系，而人力、物力是我国绝大多数义务教育阶段的学校所欠缺的，因此如果能够得到国务院、教育部等的政策和财政支持干预的效果将会大大提高。

六、总结与反思

（一）研究发现

统计分析结果表明，X 中学的学生遭受言语欺凌的发生率是 56.1%，遭受关系欺凌的发生率是 26.1%，遭受身体欺凌的发生率是 20.7%，遭受财物损失欺凌的发生率是 28.3%，遭受胁迫而跑腿的发生率是 11.3%，遭受性欺凌的发生率是 19.7%，遭受网络欺凌的发生率是 8.9%。据此表明，校园欺凌在 X 中学广泛存在，值得引起学校相关负责人、教师及家长的重视。

欺凌的主要发生地点有教室（老师不在场）、教室（老师在场）、操场或体育场（课间、课后）和卫生间。不论教师是否在教室，教室都是欺凌发生的主要地点，说明可能有些欺凌行为具有隐蔽性，教师难以发现，如关系欺凌，还有可能就是教师对某些欺凌行为的认识存在偏差，因而没有引起教师的重视，如财物损失。由此可见，加强教师对校园欺凌的认识和重视对于预防和治理校园欺凌是非常有必要的。

笔者通过卡方检验分别验证了七种欺凌类型的发生是否存在性别差异，统计结果表明，言语欺凌的发生存在性别差异，男生遭受言语欺凌的发生率是 61.8%，女生遭受言语欺凌的发生率是 50%，即中学阶段男生遭受言语欺凌（直接欺凌）的发生率高于女生；关系欺凌的发生也存在显著的性别差异，男生遭受关系欺凌的发生率是 32%，女生遭受关系欺凌的发生率 20%；身体欺凌、财物损失欺凌、遭受胁迫而跑腿、性欺凌、网络欺凌的发生率都存在性别差异，但是没有达到显著性水平，其余五种欺凌中，男生遭受欺凌的发生率均高于女生，X 中学校园欺凌存在性别差异，这与 Whitney、Smith、张文新等的研究结果一致。然而目前学界对此还没有达成一致的研究结论。笔者认为，在具体的校园欺凌干预中，应该以实际的调查结果为依据，X 中学男生遭遇了更多的欺凌，因此在干预活动中应对男生开设一些更有针对性的反欺凌知识讲座，使那些欺凌者认识到自己的错误行为；使受欺凌的学生不再沉默，在遭受欺凌时能积极地去寻求他人的帮助；使那些旁观者不再冷漠，下一次可以勇敢地站出来制止欺凌行为。

笔者利用卡方检验来验证七种欺凌类型的发生是否存在年级差异，统计结果表明，遭受言语欺凌、身体欺凌、遭受胁迫而跑腿的皮尔逊卡方值都达到了显著性水平，表明这三种类型的欺凌存在明显的年级差异，这与陈世平、张文新等的研究成果一致，即随着年级的增长，遭受欺凌和实施欺凌的类型也发生变化。[①]但是张文新的研究还表明，中小学生随着年龄的增加，遭受和实施直接欺凌的数量下降，间接欺凌的数量上升。[②]本文发现，高三年级学生遭受身体欺凌、言语欺凌的发生率是3个年级中最高的，对此笔者认为，高三年级直接欺凌（身体欺凌、言语欺凌）发生率高与高三年级学生高负荷的学习生活状态及高心理压力有关。仔细观察统计结果能够发现，七种欺凌类型在不同年级的发生率是有差别的，高一年级财物损失欺凌、性欺凌、网络欺凌的发生率最高，高二年级的关系欺凌发生率最高，高三年级的身体欺凌、言语欺凌、遭受胁迫而跑腿的发生率最高，造成这个结果的原因笔者在上文已经分析过，在此不再赘述。根据这一调查结果，笔者认为X中学有必要采取对应的措施来进行干预，可以加强对高一年级学生的纪律性管理，严惩学生蓄意破坏、盗窃其他同学财物的行为；以往的研究表明学生遭受网络欺凌与学生上网时间成正比，上网时间越长，遭受网络欺凌的可能性越大，因此要对X中学学生的上网时间加以限制，这样才可以有效减少学生间网络欺凌的发生；要增加对高三学生的心理辅导，帮助他们合理地减轻学业压力，防止因学习压力过大而产生欺凌行为。

对中学生遭受欺凌的影响因素进行二元逻辑斯蒂回归分析，结果显示性别、有心理压力、与父亲的关系、与母亲的关系四个变量通过了显著性检验，表明这四个因素对中学生是否遭受欺凌有显著影响。陈世平在研究中指出，遭受欺凌的学生更多地表现出了孤独倾向、缺乏自信等心理问题[②]，这一观点在本次研究中也得到了证实，因此，学校和家长增加对学生心理状态的关注是非常有必要的，这样不仅可以使学生保持心理健康，还可以消除引发欺凌的“隐患”。董会芹、张文新等在21世纪初就注意到了家庭亲子关系对校园欺凌的影响[③]，本次研究结果进一步证实了这一观点，即中学生与父亲的关系越差，遭受欺凌

① 陈世平，乐国安. 关于学校中儿童欺负行为的研究[J]. 广州大学报（社会科学版），2006，（1）：42-46；张文新，鞠玉翠. 小学生欺负问题的干预研究[J]. 教育研究，2008，（2）：95-99.

② 陈世平，乐国安. 对儿童欺负行为问题的研究[J]. 南开大学法政学院学术论丛，2001：666-680.

③ 董会芹，张文新. 家庭对儿童欺负受欺负的影响[J]. 山东师范大学学报（人文社会科学版），2005，（3）：127-131.

的概率也就越大，因此，对校园欺凌的预防和治理离不开家长的合作。

通过对中学生实施欺凌的影响因素进行二元逻辑斯蒂回归分析，发现所有自变量均没有通过显著性检验，但并不能说明这些因素对学生实施欺凌行为没有影响。结合文献分析发现，家庭因素对学生实施欺凌行为具有较强的预测作用，家庭因素主要包括父母的婚姻状况、家庭互动模式、沟通模式等。相对于受欺凌的学生来说，实施欺凌的学生较多成长于单亲家庭，其与父母及手足的关系较差或父母疏于对其进行监督和管教，以及父母对其过度体罚。这个结论在很多具体的欺凌事件中得到了证实，以 2016 年 2 月温州发生的校外欺凌案为例来说，欺凌事件中的 6 名欺凌者中有 5 个来自单亲家庭，她们缺少亲情的温暖，成长过程中没有得到足够的关爱和呵护，导致她们没有学习到健康地与人沟通、交往的方法，所以当她们遭遇不顺或者被别人激怒时，往往采取暴力行为来解决，最终导致了悲剧的发生。

（二）研究不足

本次研究通过问卷调查与访谈对校园欺凌的发生进行了研究，得到了一些有益的收获，但是也存在一些不足。第一，本次研究中的调查问卷设计不够合理，许多问题的设置只考虑到了被调查人填写的便利性，而未考虑到收集数据的类型与质量，导致后期统计分析时出现了一定的困难。此外，问卷内容过多，被调查者填答问卷的时候比较费时、费力。第二，本次研究过程中虽然也做了对十几个对象进行了访谈，但是调查得不够深入，没有挖掘到具体的欺凌事件当事人，所以对欺凌事件发生的前因后果无法进行整体性分析，因而整个研究感觉略显空洞。第三，由于 X 中学管理严格，所以最终笔者没有获得批准再进入学校对之前访谈过的学生进行回访，虽然 2016 年秋 X 中学的 Q 老师向笔者反馈说学校开始举办反欺凌活动，但是笔者没有机会去亲自观察，所以笔者当时给 Q 老师建议的一些预防措施究竟有没有实际效果无法证实。第四，本次研究没有对学生家长进行调查，没有对调研地家长的教养方式、与学生的沟通情况、对校园欺凌的认识、处理欺凌的方式做详细了解。除此之外，笔者自身的社会学知识积累较少，社会学研究思维不够清晰，使本次研究存在不足之处。笔者会以这次研究为经验，努力积累专业知识，以做出更好的研究。